アーキマップ 広島

建築まち歩きガイドブック

広島市内＋宮島

- 可部
- 沼田
- 緑井
- 牛田
- 横川
- 己斐
- 紙屋町 八丁堀
- 井口 庚午
- 比治山
- 海田
- 舟入
- 五日市 草津
- 宇品
- 矢野
- 似島
- 宮島

Architecture Map Hiroshima: Exploring Architecture, Buildings and Monuments in Hiroshima City and Miyajima

This book was published in 2012 by Bookend Publishing Co., Ltd., in conjunction with the Setouchi Uminomichi Project (Seto Inland Sea Road Project).

© 2012 Architecture Walk Hiroshima
All rights reserved.

建築を知れば風景が変わる

　名所旧跡を訪ねる従来型の観光ではなく、ありのままの街の姿を見て歩く"まち歩き"が静かなブームを呼んでいます。見どころは建築や街並み。由緒ある木造建築や、日本を代表する建築家の設計による建物、ユニークなデザインの施設、住民の憩いの公園や河岸、街を一望できるスポットなど、その土地ならではの風景を堪能しながら歩く旅が、人々を魅了しているのです。

　『アーキマップ広島』は、広島の建築や街並みを紹介する初めてのガイドブックです。広島といえば、宮島と原爆ドームがあまりに有名ですが、瀬戸内海に面し、古くより城下町として栄えたことから、多種多様な建築や、歴史に育まれた水辺の風景がいたるところで見られます。

　広島への旅行を計画されているかたも、あるいは広島に住みながら地元のことを知らないというかたも、ぜひ本書を片手に現地を歩いてみてください。建築を鑑賞する楽しさを知れば、なにげない街並みの風景が一変します。その感動を多くの方々に体験していただければ幸いです。

本書の使い方

　本書では、広島市内と近郊、そして宮島を加えた9つのエリアから、建築・街並み・公共建造物110件を選び、その文化的価値や鑑賞のポイントを紹介しています。また、エリアごとに"まち歩き"のおすすめコースを設定し、アクセス情報や所要時間の目安を添えています。地図は真北を上とし、縮尺は全点同じです。鉄道・軌道は省略していませんが、バスについては一部路線の主要箇所のみ記しています。

- **建物名**　一部については発表作品名を採用し、実際の建物名称とは異なる場合があります。英名については著者側で訳したものもあります。
- **データ**　竣工年、設計者名、所在地を記しています。
- **公開状況**　公開されている場合は、時間帯、定休日、入場料などを掲載しました。定休日については年末年始、お盆休みなどは省略し、入場料は大人料金を掲載しています。また、内部撮影が可能な場合もここに記しています。

- **写真**　一部については現況と異なるものもあります。
- **解説**　見学の助けとなる内容を中心に記しています。
- **アクセス**　最寄り駅など。

文中の＊印は、巻末に解説があります。
（人名：PP. 85-86、用語：PP. 87-89）

広島国際会議場　1-02
International Conference Center Hiroshima

1989年　丹下健三＊・都市・建築設計研究所
広島市中区中島町1-5
見学可（9:00～21:00）

広島市公会堂跡地に建設。多目的ホールを備える。平和記念公園設計コンペ時のフォルムを尊重しつつ必要な機能を確保するため、大部分が地下に配置された。

TRAM 広電「原爆ドーム前」「袋町」　**BUS** 広島バス24・25号線「平和記念公園」

建築まち歩き4ステップ

最初は専門知識がなくても構いません。じっと建物を見ることから始めてみましょう。

STEP 1　立ち止まって見る。

まずは立ち止まって、色々な角度からじっくりと建物を見てみよう。見慣れた建物でもきっと新しい発見があるはずだ。

STEP 2　写真を撮ってみる。

気になる建物は写真に収めてみよう。建築写真は順光で撮るのがコツ。もちろんマナーは忘れないようにしたい。

STEP 3　細かな形に注目する。

ときには建物に思いきり近づいて、窓枠や手すりの形、素材感、風合いなど、細かなデザインにも注目してみよう。

STEP 4　思いを馳せてみる。

なぜこんな形になったのか、建築家の考えや時代背景などを調べながら、建てられた当時に思いを馳せてみよう。

マナーについて

- 建築を見学する際には、建物の所有者、他の利用者、近隣住民などに十分配慮し、大声で騒ぐ、タバコやゴミで汚すなどの迷惑行為は慎みましょう。

- 本書に掲載された建物で「非公開」とあるものには立ち入らず、見学についての問い合わせも極力控えるようにしましょう。

- 写真撮影については特に以下の注意が必要です。
  - 撮影は外観のみにとどめ、敷地内には無断で入らない。また、敷地外からであっても内部を覗き込む角度で撮影しない。
  - 内部撮影可と書かれている建物を除いて、室内撮影は控える。
  - フラッシュや三脚は原則として使わない。他の利用者や通行人の顔がなるべく写らないようにする。

目次

おすすめまち歩きコース ―― 8

AREA 1 デルタ中部　14

広島平和記念資料館および平和記念公園、広島国際会議場、平和の門、平和大橋・西平和大橋、広島市平和記念公園レストハウス／旧大正屋呉服店、原爆ドーム／旧広島県産業奨励館、横川駅前広場、カジル横川、徳應寺、広島市西消防署、広島医師会館、NTT西日本十日市ビル、市営基町高層アパート、広島市立基町高等学校、ひろしま美術館、太田川基町環境護岸、基町クレド、広島県庁舎、本川小学校平和資料館、広島市文化交流会館、シャレオ、広島ミッドタウンビル、福屋（八丁堀本店）、広島アンデルセン、旧日本銀行広島支店、頼山陽史跡資料館、袋町小学校平和資料館、PENCILビル、ウィスタリアフィールドモナド、本逕寺、広島逓信病院旧外来棟、アーバンビューグランドタワー、広島県立美術館、縮景園、ホテルフレックス、世界平和記念聖堂、東平塚のアトリエ、比治山本町のアトリエ、頼山陽文徳殿、広島市現代美術館、広島東照宮、国前寺、広島市民球場・マツダスタジアム

AREA 2 デルタ南部＆似島　35

広島市江波山気象館／旧広島地方気象台、東千田公園、銭高組広島支店、広島市環境局中工場、広島電鉄千田町変電所、市営平和アパート、放射線影響研究所、広島大学附属中・高等学校講堂、旧陸軍被服支廠倉庫、県立広島大学図書館、広島市郷土資料館／旧宇品陸軍糧秣支廠缶詰工場、ソットスタッツィオーネ、半べえ庭園、仁保の街並み、Fビル、旧広島港湾事務所、M's Gate、瀬戸内海汽船社屋、グランドプリンスホテル広島、似島学園 高等養護施設・児童養護施設学習館

AREA 3 デルタ北部　47

工兵橋、旧牛田水源地濾過調整機上屋、広島市水道資料館、広島女学院大学ゲーンスチャペル、三篠教会、三瀧荘、三瀧寺、イエズス会 長束修道院、不動院、安佐南区総合福祉センター、オリーブ、レストランカフェ フロート、古川せせらぎ河川公園、コミュニティほっとスペースぽんぽん

AREA 4 デルタ西部　55

古田幼稚園、草津の街並み、市営庚午南住宅、市営鈴が峰東アパート、アマダ広島営業所、オタフクソース WoodEggお好み焼館、みやた眼科、学校法人鶴学園なぎさ公園小学校、旧日本麻紡績給水塔、己斐調整場旧送水ポンプ室

AREA 5-8 郊外　61

5 西風新都　A. CITY ヒルズ＆タワーズ、広島市立大学、広島修道大学、安佐南区スポーツセンター

6 可部　太田川漁業協同組合事務所／旧亀山水力発電所、福王寺、プラスC、可部の街並み

7 海田　海田の街並み

8 矢野　広島市立矢野南小学校

AREA 9 宮島　69

岩惣、紅葉谷公園、大聖院、厳島神社、ぎゃらりぃ宮郷、五重塔、豊国神社本殿（千畳閣）、大願寺、宮島歴史民俗資料館（旧江上家住宅）、多宝塔、厳島神社宝物館、上卿屋敷（林家住宅）

資料編
まち歩きに役立つ 広島 都市と建築の歴史 ―― 78
人名解説 ―― 85
用語解説 ―― 87
INDEX（建築、人名、用語）―― 90
交通案内 ―― 92

MINI COLUMN
1 京橋会館 ―― 22
2 宇品線跡 ―― 43
3 アストラムライン ―― 54
4 西国街道 ―― 66
5 広島の路面電車 ―― 68

巻末付録 ― 持ち歩きに便利な携帯用マップ（広島市中心部・拡大図・交通案内）

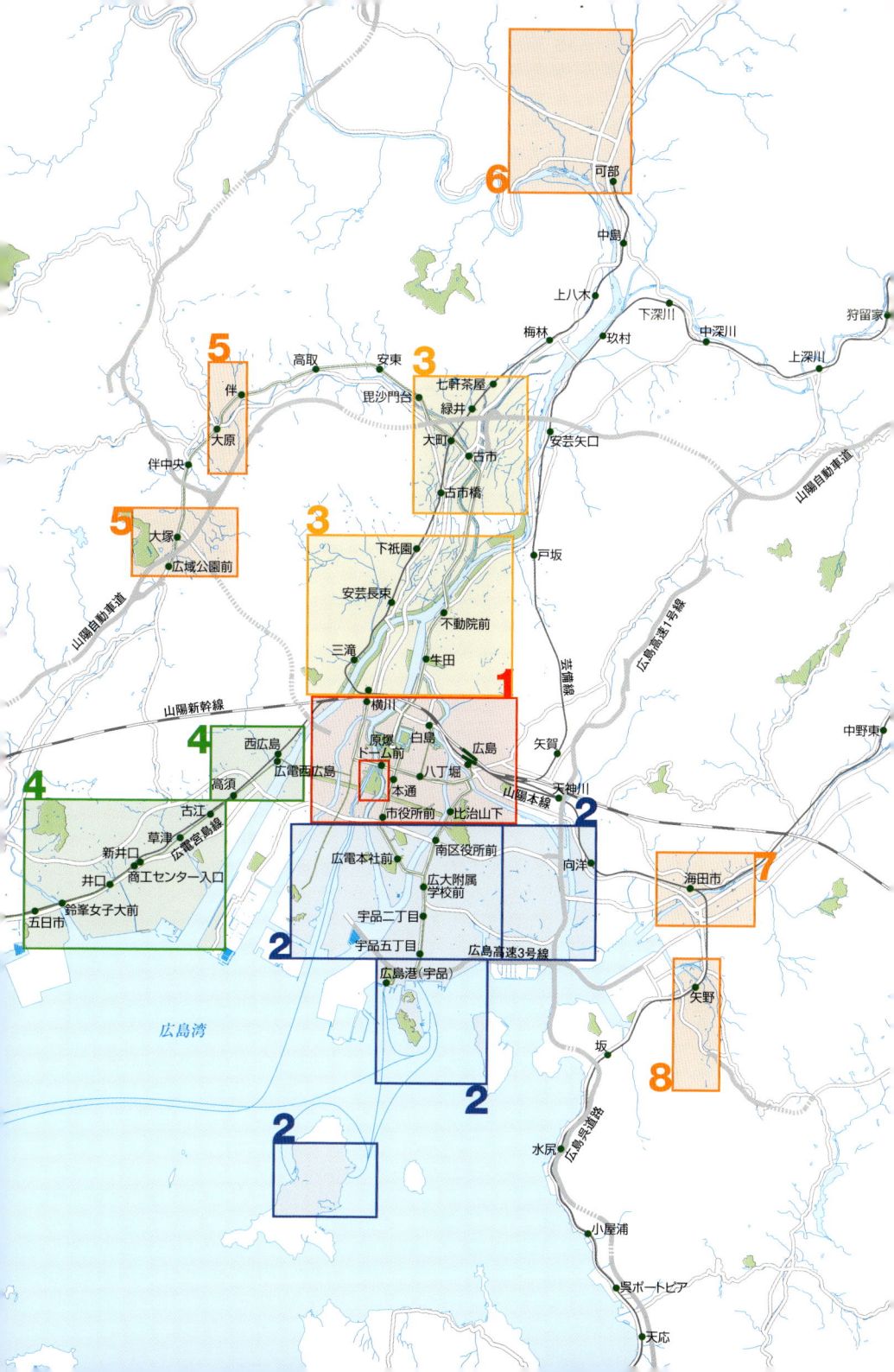

広島湾

おすすめまち歩きコース

1 AREA 中部コース
P.15・20-21

中部の主要な建築を徒歩でめぐるコース。

- 歩行距離　約7.5km
- 所要時間　6～8時間（施設見学や休憩時間を含む）

JR広島駅南口

15分

京橋
京橋はかつての西国街道にあたり、現在の橋は1927年に完成。周辺の河岸には住宅用の雁木跡が多く残っている。

3分

世界平和記念聖堂 1-36

12分

福屋（八丁堀本店） 1-23
福屋の西側のエリアは中の棚といい、江戸時代には外堀（相生通り）と平田屋川（並木通り）の交点であり、魚市場があった。

6分

PENCILビル 1-28

5分

広島アンデルセン 1-24
本通り商店街もかつての西国街道の跡。アンデルセンの建物だけがわずかに戦前の姿をとどめる。

3分

袋町小学校平和資料館 1-27

3分

旧日本銀行広島支店 1-25
頼山陽史跡資料館 1-26

10分

平和大橋 1-04
平和の門 1-03
広島平和記念資料館 1-01

5分

広島市平和記念公園レストハウス 1-05

5分

原爆ドーム 1-06

5分

シャレオ 1-21

5分

基町クレド 1-17
スカイパティオ（屋上庭園）からは基町を一望できる。

3分

ひろしま美術館 1-15

12分

広島城
大手門や天守閣は戦後の復元。天守閣内部は歴史博物館となっている。旧大本営跡は礎石のみ残る。

10分

広島市立基町高等学校 1-14

3分

市営基町高層アパート 1-13

3分

アストラムライン城北駅

AREA 2 南部コース

P.36-37・44

比治山・宇品の建築や近代化遺産を、
徒歩と公共交通でめぐるコース。

- 歩行距離　約8km
- 所要時間　6〜8時間（施設見学や休憩時間を含む）

■ **広電比治山下電停**

1分

■ 比治山本町のアトリエ　1-38

2分

■ 頼山陽文徳殿　1-39

10分

■ 広島市現代美術館　1-40

（AREA 1-2）

15分

■ 放射線影響研究所　2-07

5分

■ 旧陸軍墓地
現在の墓地は戦後に再整備されたもので、
当初ははるかに大規模なものだった。
眺望がよく、宇品方面を見渡すことができる。

10分

■ 広島大学医学部医学資料館
広島大学病院一帯は旧陸軍兵器支廠の地。
レンガ貼のレプリカ建築だけが残る。

15分

■ 旧陸軍被服支廠倉庫　2-09

15分

■ 広島大学附属中・高等学校講堂　2-08
学校の敷地には許可なく入場できない。

3分

■ 平和塔
戦地から帰還する兵隊を出迎えた凱旋碑。

5分

■ 千田廟公園
宇品築港の立役者である千田貞暁の像がある。

10分

■ 広島市郷土資料館　2-11
公園になっている部分もかつての工場跡地。

5分

■ **広電宇品二丁目電停**

TRAM 8分　広島港行きの路面電車（1・3・5号線）に乗る。
時間があればソットスタッツィオーネ2-12
に立ち寄るのもいい。

■ **広電海岸通電停**

12分

■ 旧陸軍桟橋
付近には倉庫を改装した店舗などもある。

10分

■ 旧広島港湾事務所　2-16
閉鎖されており、敷地内には入場できない。

6分

■ M's Gate　2-17
■ 瀬戸内海汽船社屋　2-18

1分

■ **広電元宇品口電停**

AREA 3 北部コース　P.48−49・50

北部に点在する建築を、徒歩と公共交通でめぐるコース。

- 歩行距離　約7km
- 所要時間　5〜7時間（施設見学や休憩時間を含む）

- アストラムライン白島駅
  - 6分
- 工兵橋　3-01
  - 10分
- 旧牛田水源地濾過調整機上屋　3-02
  - 2分
- 広島市水道資料館　3-03
  - 周辺のグラウンドなどはかつての浄水場
  - 5分
- アストラムライン牛田駅
  - TRAM 2分
- アストラムライン不動院前駅
  - 3分
- 不動院　3-09
  - 3分
- アストラムライン不動院前駅
  - TRAM 7分
- アストラムライン古市駅
  - 10分
- 安佐南区総合福祉センター　3-10
  - 3分
- 古市小学校前バス停
  - BUS 5分　可部方面行きのバスに乗車する。
- 七軒茶屋バス停
  - 6分
- 古川せせらぎ河川公園　3-13
  - 12分
- コミュニティほっとスペースぽんぽん　3-14
  - 15分
- JR七軒茶屋駅
  - TRAIN 18分
- JR三滝駅
  - 20分
- 三瀧寺　3-07
  - 8分
- 三滝観音バス停

AREA 4 西部コース　P.56−57

草津から鈴が峰にかけて徒歩と公共交通でめぐるコース。

- 歩行距離　約4.5km
- 所要時間　約3〜4時間（施設見学や休憩時間を含む）

- 庚午住宅入口バス停
  - 10分
- 市営庚午南住宅　4-03
  - 20分
- 旧草津港の雁木跡
  - 15分
- 草津の街並み　4-02
  - 3分
- 海蔵寺
  - 3分
- 広電草津電停
  - TRAM 5分　宮島口行きの路面電車（2号線）に乗る。
- 広電商工センター入口電停
  - 10分
- 公団鈴が峰第2住宅
  - 3分
- 市営鈴が峰西アパート
  - 10分
- 市営鈴が峰東アパート　4-04
  - 5分
- 鈴が峰住宅東バス停

5-8 AREA 可部コース　　P.64-65

可部エリアを徒歩でめぐるコース。

- 歩行距離　約2km
- 所要時間　1〜2時間（施設見学や休憩時間を含む）

- JR可部駅
  - 5分
- 品窮寺
  - 15分
- プラスC　6-03
  - 5分
- 可部の街並み　6-04
  - 15分
- JR可部駅

9 AREA 宮島コース　　P.70・74

宮島を徒歩でめぐるコース。

- 歩行距離　約4km
- 所要時間　3〜4時間（施設見学や休憩時間を含む）

- 宮島港
  - 6分
- 宮尾城跡
  - 6分
- ぎゃらりぃ宮郷　9-05
  - 3分
- 五重塔　9-06
  - 1分
- 豊国神社本殿（千畳閣）　9-07
  - 5分
- 厳島神社　9-04
  - 2分
- 大願寺　9-08
  - 3分
- 宮島歴史民俗資料館（旧江上家住宅）　9-09
  - 5分
- 多宝塔　9-10
  - 3分
- 厳島神社宝物館　9-11
  - 8分
- 大聖院　9-03
  - 5分
- 上卿屋敷（林家住宅）　9-12
  - 8分
- 岩惣　9-01
  - 8分
- 紅葉谷公園　9-02
  - 5分
- 宮島ロープウェイ紅葉谷駅

スマホを片手に さくさく、まち歩き！

「アーキマップ広島」のスマホ特設サイトにアクセスしよう！

目的地を探して道に迷うのも、まち歩きの気ままな旅にはよくあること。道行く人に尋ねるのもよし、ふらりと入ったお店で場所をきくのもよし。その土地と交わる絶好の機会となるはず。

とはいえ、見知らぬ土地では、携帯電話やスマートフォンは強い味方。ナビ機能をつかえば現在位置もすぐにわかります。

本書も、スマホのための特設サイトと連動して、スムーズなまち歩きを応援しています。サイトのメニューからは、以下の情報にリンクできます。
（画面イメージやメニューは随時更新されます。）

アーキマップ広島 @Google Maps
現在位置と目的の建築の位置関係をナビ

交通リンク集
アクセスのための交通機関や時刻表にリンク

おすすめルートナビ
本書に掲載しているおすすめまち歩きコースの紹介

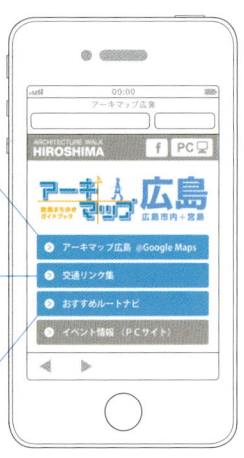

そのほかにも「イベント情報」など、お役立ち情報が満載！以下のURLやQRコードから「アーキマップ広島」の特設サイトにアクセスしてみましょう。

http://www.oa-hiroshima.org/m/

SETOUCHI
UMINOMICHI

広島県は、瀬戸内の認知度とブランド力強化を高め、国内外からの誘客増大を目指す「瀬戸内海の道構想」を推進しています。
本書は、「瀬戸内の新しい観光資源の開発と普及」を目的に刊行されました。

AREA 1
デルタ中部

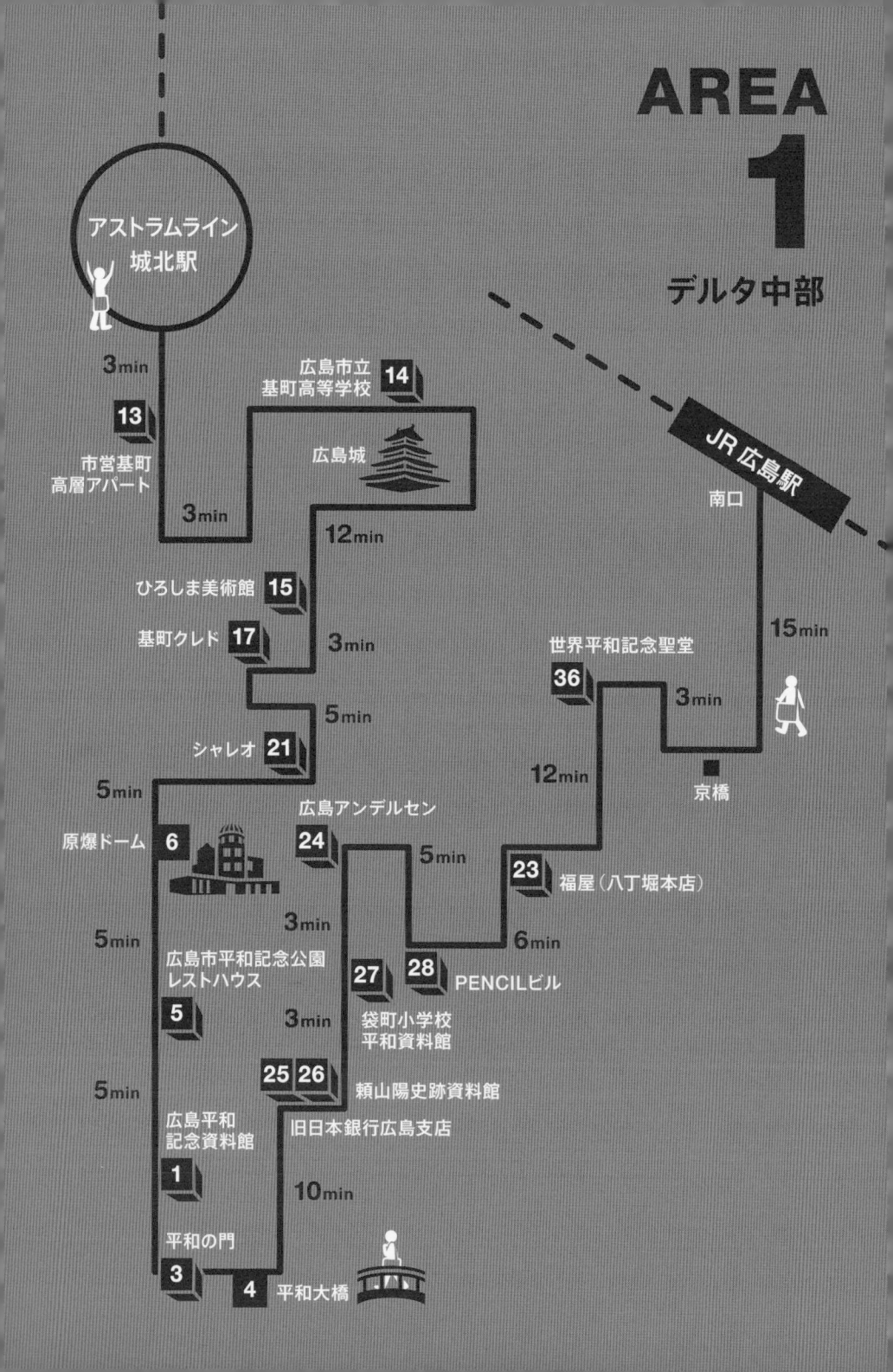

アストラムライン
城北駅

JR広島駅
南口

3min

13 市営基町高層アパート

14 広島市立基町高等学校

3min

広島城

12min

15 ひろしま美術館

17 基町クレド

3min

5min

21 シャレオ

5min

36 世界平和記念聖堂

3min

京橋

15min

12min

6 原爆ドーム

24 広島アンデルセン

23 福屋（八丁堀本店）

5min

3min

5min

6min

5 広島市平和記念公園レストハウス

27 **28** PENCILビル

袋町小学校平和資料館

3min

25 **26** 頼山陽史跡資料館
旧日本銀行広島支店

1 広島平和記念資料館

5min

10min

3 平和の門

4 平和大橋

AREA 1-1 拡大図

AREA 1

- 原爆ドーム前
- 相生通り
- 本川小学校
- 原爆ドーム／旧広島県産業奨励館 06
- 動員学徒慰霊塔
- 原爆供養塔
- 本川公園
- 広島市平和記念公園レストハウス／旧大正屋呉服店 05
- 原爆の子の像
- 元安橋
- 平和乃観音像
- 本川橋
- 宮島行き旅客船乗り場
- 平和記念公園（元安桟橋）
- 本川西岸の雁木
- レストハウス内
- 国立広島原爆死没者追悼平和祈念館
- 原爆死没者慰霊碑
- 平和記念公園
- 02 広島国際会議場
- ボーレザン サロン・ド・カフェ
- 広島平和記念資料館および平和記念公園 01
- 元安川
- 04 西平和大橋
- 広島平和記念資料館
- 本川
- 平和記念公園一宮島
- 平和記念公園
- 04 平和大橋
- 平和の門 03
- 平和大通り
- 中島町

N

1.5 min.

0 ——— 100m

■ 掲載建築　■ その他の建築　── おすすめまち歩きコース　● 電停（広電・アストラムライン）

デルタ中部

広島平和記念資料館および平和記念公園
Hiroshima Peace Memorial Museum and Peace Memorial Park

1-**01**

1955年　丹下健三●計画研究室
広島市中区中島町
資料館入館（3-11月）8:30～17:30　8月は18:30まで（12-2月）8:30～16:30　入館料50円

建築家丹下健三●の実質的なデビュー作であるだけでなく、戦後の日本建築はここから始まったといっても過言ではない歴史的な名作。

■ 丹下健三と広島

丹下にとって広島は学生生活を送った思い出の地であり、建築の道を志したのも旧制広島高校の図書室でル・コルビュジェ●の「ソビエトパレス●」に出会ったのがきっかけとされる。終戦直後、丹下は廃墟と化した広島へ乗り込み復興都市計画の立案へ関与、そして本作のコンペで当選し設計を担うこととなった。

■ 都市を指向する軸線

平和記念公園の最大のポイントは、原爆ドームから平和大通りへと伸びる軸線にある。原爆ドームは当時それほど重視されておらず、本作によって保存への道筋ができたといえる。

　公園デザインは次のように行われた。まず旧西国街道のラインと3つの橋を残す前提とする（A）。そこに台形を2つつなげたような"つづみ形"道路を描いてみる（B）。すると中心線が原爆ドームに届くことに気がつく（C）。この軸線を邪魔しないよう、資料館本館の1階はピロティ●として式典時のゲートも兼ねることにし（D）、"つづみ形"道路の中心には大アーチを置いた。

　この"つづみ形"道路と配置計画は丹下の出世作である戦時中のコンペ「大東亜建設記念営造計画」にその源流を見ることができ、さらに辿る

TRAM 広電「原爆ドーム前」「袋町」「中電前」　BUS 広島バス24・25号線「平和記念公園」

AREA 1

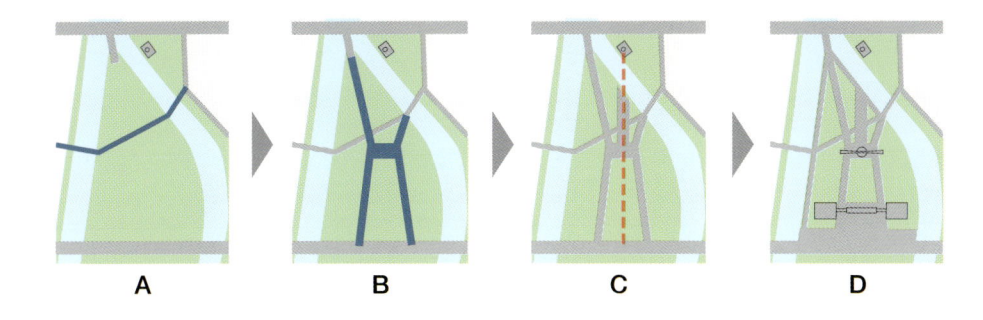

| A | B | C | D |

と、かの「ソビエトパレス」に行き着く。丹下はコルビュジェに出会った広島の地で、コルビュジェの影響を受けた大計画を実現させることになった。

■ ヒューマンスケールの超越
大多数の市民が粗末な小屋で生活していた時代にあって、丹下は建築のスケールが今後巨大化していくと確信し、資料館本館をヒューマンスケールを超えた「社会的人間の尺度」と従来の「人間の尺度」の組み合わせで構成される大建築とした。建築を、その敷地だけでなく広く都市全体を見すえてデザインする丹下の姿勢は、後進の建築家たちへ多大な影響を与え、黒川紀章*ら門下生によるメタボリズム*へとつながっていく。

■ 平和を創り出す工場
丹下は平和記念公園のコンセプトを「平和を創り出す工場」とし、全人類に宛てたメッセージを発する施設となる資料館本館を無装飾のモダニズム*とした。一方、そのデザインの背景には正倉院や伊勢神宮など日本的な要素も見え隠れする。

■ 使われ続ける意義
資料館本館はすでに建設から60年近く経過しているが、適切な補修工事を受け、今なお良好な状態に保たれている。各地のモダニズム建築が不十分なメンテナンスのために老朽化し解体されていくなかにあって、本作が当初の目的通りに使われ続ける意義は大きい。

広島国際会議場　1-02
International Conference Center Hiroshima

1989年　丹下健三●・都市・建築設計研究所
広島市中区中島町1-5
見学可（9:00〜21:00）

広島市公会堂跡地に建設。多目的ホールを備える。平和記念公園設計コンペ時のフォルムを尊重しつつ必要な機能を確保するため、大部分が地下に配置された。

TRAM 広電「原爆ドーム前」「袋町」　**BUS** 広島バス24・25号線「平和記念公園」

平和の門　1-03
Gates of Peace

2005年　デザイン：Jean Michel WILMOTTE ＋ Clara HALTER（J.M.ヴィルモット＋C.アルテール）
平和大通り内
−

門という万国共通の形に「平和」という語を49の言語、18種の文字で描いたアートワーク。ゲートの間隔は平和記念資料館のピロティ●の柱の間隔に合わせられている。夜は全体が光り、セラミックプリントの文字が浮き上がる。

TRAM 広電「中電前」　**BUS** 広島バス24・25号線「平和記念公園」

平和大橋・西平和大橋　1-04
The Peace Bridge
The West Peace Bridge

1953年　欄干デザイン：Isamu NOGUCHI（イサム・ノグチ）●
平和大通り内
−

欄干のデザインは日系アメリカ人彫刻家イサム・ノグチ●による。平和大橋は日の出、西平和大橋は日の入りが表現され、それぞれ「ツクル」「ユク」と命名された。完成から半世紀を経ても丹下が「伊勢を感じた」と評した力強い造形は健在。

TRAM 広電「袋町」　**BUS** 広島バス24・25号線「平和記念公園」

広島市平和記念公園レストハウス／旧大正屋呉服店　1-05
Rest House / Former Taishoya Kimono Store

1929年　増田清●
広島市中区中島町1-1
入館8:30〜17:00（10−3月）　地下室見学は事前申し込み要

建設当初は旧街道沿いのモダンな呉服店だった。戦後に広島市が買収し、現在は観光案内所などが入居している。地下室は被爆時の姿をとどめており見学可能。平和記念公園の地がかつて繁華街だったという事実を唯一伝えている。

TRAM 広電「原爆ドーム前」「本通」　**BUS**「平和記念公園」「紙屋町」

原爆ドーム／旧広島県産業奨励館
A-bomb Dome / Former Hiroshima Prefectural Industrial Promotion Hall

AREA 1
1-06

1915年　Jan LETZEL（ヤン・レツル）●
広島市中区大手町1-10
外観のみ見学可

　建設時の名称は広島県物産陳列館。日清日露戦争を契機に勃興した県内産品の販売促進拠点として、旧広島藩の米蔵跡に建設された。美術展覧会や博覧会など多くのイベントに使用されたほか、ドーム屋根をいただく特徴的な建物は建設当時から観光名所となった。

　設計を担ったのはチェコ人建築家ヤン・レツル●。本作のデザインにはレツルが建築を学んだ19世紀末のプラハで流行したスタイルが反映されている。たとえば楕円形のドームや波打つような壁面の造形はネオ・バロック●的であり、一部の装飾にはセセッション●の影響が見られる。一方、レンガ構造のわりに開口部が大きく耐震性には課題を抱えており、被爆時に全面的に崩壊しなかったのは爆風が真上から襲ってきたためと考えられる。戦後は解体論争を経て保存されることが決まり、数度に渡る補修工事を受けながら、辛うじてその姿をとどめている。

　建築としての最大の特徴は、川辺の風景との調和。日本の市街地建築は今も昔も川ではなく道路側に顔を向ける傾向があるが、このようなリバースケープへの意識はヨーロッパ的な発想であり、現代から見ても学ぶことは多い。ファサードは川のラインに沿って角度がついており、さらに曲線で構成されているため、川辺を歩きながら外壁を眺めると徐々に形態が変化していく様子を味わえる。

TRAM 広電「原爆ドーム前」　BUS「紙屋町」「広島バスセンター」

AREA 1-2

- 横川駅前広場 07
- JR横川駅
- JR可部線
- 新電王橋
- JR山陽本線
- カジル横川 08
- 横川駅
- 横川駅前
- ゴッドバーガー
- 白島新駅（仮称）
- 太田川緑地
- 三鬼化成社屋
- 横川新町
- 公団西白島住宅
- 三篠橋
- 太田川放水路
- 横川一丁目
- 楠木の大雁木
- 西白島
- 太田川
- 城北
- 川越しに基町高層アパートを望む眺望点
- 横川新橋
- 市営基町高層アパート 13
- 中広町
- 別院前
- 寺町
- 本願寺広島別院
- 基町
- 基町ショッピングセンター前
- 広島市立基町高等学校 14
- 徳應寺 09
- 広瀬町
- 広島城天守閣（復元）
- 寺町通り
- 中広大橋
- 中央公園
- 旧大本営跡
- 寺町
- 空鞘橋
- 城南通り
- 広島城址
- NTT西日本十日市ビル 12
- 太田川基町環境護岸 16
- アストラムライン
- 上天満町
- ひろしま美術館 15
- P.60 AREA 4-2
- 基町クレド 17
- 広瀬橋
- 広島電鉄横川線
- 広島城を一望できる眺望点
- 西十日市
- 広島バスセンター（そごう内）
- 県庁前
- 十日市町
- 本川町
- 県庁前
- 10 広島市西消防署
- 十日市
- 本川小学校平和資料館 19
- 本川町
- 原爆ドーム前
- シャレオ 21
- 観音町
- 紙屋町
- 紙屋町西
- 紙屋町東
- 天満町
- 天満橋
- AREA 1-1 P.15
- 06
- 小網町
- 土橋
- シャレオ中央広場南西側
- 広島ミッドタウンビル 22
- 西観音町
- 堺町
- 本通り
- 西区役所前バス停
- 本川橋
- 広島アンデルセン 24
- 観音町
- 05
- レストハウス内 本通
- 本通
- 緑大橋
- 本通り
- 02
- 平和記念公園
- 01
- 広電宇品線
- 東観音町
- 舟入町
- 04
- 袋町
- 観船橋
- 03
- 平和記念公園
- 袋町
- 本川
- 11 広島医師会館
- 04
- 元安川
- 観音本町
- 加古町
- 中電前
- 広島市文化交流会館 20
- 旧日本銀行広島支店 25
- 中島神崎橋
- 新観音橋
- アステールプラザ
- 頼山陽史跡資料館 26
- 平和大通り
- 加古町
- 本逕寺 30
- 小町
- 国道2号線
- 新住吉橋
- 市役所前
- しぞう通り
- 舟入本町
- 舟入本町
- 広島市役所旧庁舎資料展示室
- 広島市庁舎
- 新明治橋

N ③min. 0 200m

■ 掲載建築　■ その他の建築　── おすすめまち歩きコース　● 電停（広電・アストラムライン）　● バス停

AREA 1

AREA 3-1 P.48

- 31 広島逓信病院旧外来棟
- 41 広島東照宮
- 42 国前寺
- 33 広島県立美術館
- 34 縮景園
- 32 アーバンビューグランドタワーホテルフレックス 35
- 18 広島県庁舎
- 36 世界平和記念聖堂
- 23 福屋(八丁堀本店)
- 京橋川河岸の雁木群
- 河岸緑地活用オープンカフェ
- 眺望のよい歩道橋
- 28 PENCILビル
- 29 ウィスタリアフィールドモナド
- 27 袋町小学校平和資料館
- 37 東平塚のアトリエ
- 比治山本町のアトリエ 38
- 猿猴川アートプロムナード
- 43 広島市民球場・マツダスタジアム
- 40 広島市現代美術館
- 39 頼山陽文徳殿

AREA 2-1 P.36

横川駅前広場
Yokogawa Station Square   1-**07**

2004年　広島市(基本)＋近代設計コンサルタント(実施)
ー
ー

路面電車の駅移設に合わせてリニューアルされた駅前広場の上屋。構造材の見せ方や配色のセンスに優れ、広場全体のデザイン統一も行き届いている。ヨーロッパの駅施設のグレードに迫る、国内有数の秀作。

TRAIN JR「横川」　TRAM 広電「横川駅」　BUS「横川駅前」

カジル横川
Cazl Yokogawa   1-**08**

2003年　北山孝二郎＋K計画事務所
広島市西区横川町3-2-36
入場10:00～21:00(店舗により異なる)

駅前広場に面する商業施設。L字形の敷地の奥に核店舗を置き、手前に専門店とパサージュ空間を配する。プランニングはセオリーどおりだが、小さなイベントスペースが施設に付加価値を与えている。

TRAIN JR「横川」　TRAM 広電「横川駅」　BUS「横川駅前」

徳應寺
Tokuo-ji Temple   1-**09**

1955年　木村俊雄建築設計事務所
広島市中区寺町4-25
非公開　見学は応相談

被爆からの再建時に頑丈なRC造が選ばれた。RCと相性の良いインド風のデザインは築地本願寺の影響か。小さなステンドグラスを備えるなど、小品ながら見ごたえがある。前面道路は旧雲石街道で、道幅は往時のままと思われる。

TRAM 広電「寺町」　BUS 広島バス22号線「広瀬町」

MINI COLUMN 1

▍**京橋会館**

　かつて京橋の近くに京橋会館という建物があった。道路建設に伴う商店街の共同化として計画され、1954年に公社住宅として竣工したのちに市営住宅へ変わったもので、1～2階はメゾネットの店舗併用住宅、3～4階は共用廊下を備えた専用住宅。間取りは集合住宅黎明期らしく"続き間"だが、インフラ完備の近代的なアパートは当時の憧れの的だった。そして本作最大の特徴は、国内では極めて珍しい"ロの字型配置計画"にある。惜しまれつつ2011年に解体されたが、定番や経済性に縛られた現代の設計では決して再現できない濃密な中庭空間は、ながく記憶にとどめられるべきだろう。

中庭を囲む
"ロの字型配置計画"

広島市西消防署
Nishi Fire Station
1-10

2000年　山本理顕●設計工場
広島市西区都町43-10
見学は要受付

　全面がガラスルーバー●で覆われた庁舎。消防署機能に加えて救急教育センター等が併設されている。巨大なジャングルジムの各所に箱がはめ込まれたような建築であり、各所にボイド●が配された結果、外見の大きさに比べて床面積は小さい。透明さを追求するコンセプトは徹底しており、事務室や研修室等の諸室はガラス張り、レスキュー隊の訓練はアトリウム●で行われ、見学者は署内の様々なシーンを手に取るように把握できる。
　平和大通り側の廊下とアトリウムは日中見学可能。事務室、車庫、地下などは通常立入禁止であるが、事前に予約すれば職員同伴で見学できる。

TRAM 広電「西観音町」　BUS 広島バス25号線「西区役所前」

広島医師会館
Hiroshima Medical Association Building
1-11

1969年　日建設計
広島市西区観音本町1-1-1
見学・撮影は要受付（平日9:00〜17:00）

　川沿いに建つ事務所・研修施設。合理性を追求しながらも、多様な壁面の表情付け、ロビーの片持ち階段●、階段室の造形など、各所にデザイン上の見せ場がある。ファサード東側の凹凸が大きいのは近年の耐震補強のため。

TRAM 広電「舟入本町」　BUS 広電バス西広島バイパス経由西部方面行き「観音本町」

NTT西日本十日市ビル
NTT West Tokaichi Building
1-12

1937年　逓信省営繕課（山田守●）
広島市中区西十日市町10
非公開

　かつての電話交換局で、内部には交換機が置かれていた。一見そうとは気づかないが、れっきとした被爆建築。数度の改装を経つつも白い箱を指向するモダンデザインは古さを感じさせない。

TRAM 広電「十日市町」　BUS 広電バス7号線「西十日市」

市営基町高層アパート
Motomachi Apartment Complex

1-**13**

1972〜76年　大高建築設計研究所（大高正人•）
広島市中区基町
非公開（事前相談により団体見学を許可する場合あり）

■ 建設までの経緯

基町とは広島開基の地を意味し、旧広島城の跡地にあたる。明治以降は陸軍の司令部や兵舎が建ち並び、軍都広島の中心となった。戦後、広島市は焼け野原となったこのエリアを官庁街や公園として再整備する方針を固めたが、当時の住宅難に対応するため応急の公営住宅を建てざるを得ず、さらに独自に小屋を建てる者が後を絶たず、基町一帯は木造密集住宅地へと変貌した。この密集状態を解消し、公園や河川敷を整備するために計画されたのが本作であり、戦災復興の集大成というべき大事業であった。

■ 建築としての特徴

設計はメタボリズム•・グループの一員でもある大高正人•。ピロティ•や屋上庭園、住戸のユニット化などはル・コルビュジェ•の「ユニテ・ダビタシオン•」に源流を見ることができるが、その規模や用途の多様さから、より都市を指向した作品といえる。

1　くの字型配置計画
板状住棟がズラリと並ぶ普通の団地とは異なり、建物が屏風のように"くの字"に折れ曲がっている。これは建物どうしの間隔を保ちつつ中央部に大きな空地を確保し、さらに住戸間で採光条件に格差が生じないようにするための工夫である。

2　人工地盤による歩車分離
中央部の人工地盤はデッキを介して学校や住区につながり、歩車分離がはかられている。メイ

TRAM アストラムライン「城北」　BUS 広島バス23-1号線「西白島」「基町ショッピングセンター前」

ンの集会所は人工地盤の上に、商店街は下に置かれている。

3 ピロティ
建物の1階はピロティとなっており、自由に行き来することができる。視覚的な開放感も大きなメリットといえる。

4 屋上庭園
現在は閉鎖されているが、屋上は一般開放する前提で設計されており、庭園や集会室がある。子供が屋上で遊ぶことを想定して屋根は二重。また、屋上は南に行くほど低くなり、眺望へも配慮されている。

5 住戸ユニット
住戸は2層4戸のユニットで構成されている。そのため、エレベーターを2層ごとに止めて上階へは階段でアクセスする形式となり、バリアフリー面では課題があるが、上階を両面採光にできるなどの利点も多い。また、住宅ユニットの製作ではプレキャストコンクリート*を多用するなど、工業化がはかられている。

6 都市のたたずまい
高層住宅だけでなく、商店街、集会所、学校、保育所、消防署などが一体的にデザインされており、建築という枠を越えた、一つの都市としてのたたずまいを見せている。

*工事現場でコンクリートを固めるのではなく、あらかじめ工場で製作したコンクリート部材を現場で組み立てる工法。

広島市立基町高等学校　1-14
Hiroshima Municipal Motomachi Senior High School

2000年　原広司＋アトリエ・ファイ建築研究所
広島市中区西白島町25-1
非公開

南棟は圧迫感を軽減するため1階をピロティとし、一般教室を4階に集中配置。エスカレーターが常用される。西棟の美術教室ゾーンは講堂の上にあり、明るいギャラリー空間を備える。ノコギリ状の屋根は美術教室の採光用の窓。

TRAM アストラムライン「城北」　**BUS** 広島バス23-1号線「西白島」

ひろしま美術館　1-15
Hiroshima Museum of Art

1978年（増築1980年）　日建設計
広島市中区基町3-2
入館9:00〜16:30　入館料1000円

中央に円形の展示室を置き、周囲を回廊がぐるりと囲むことによって、落ち着いて美術鑑賞に集中できる環境を生み出している。中央公園の文化ゾーンの一翼を担う施設であり、ヨーロッパ近代美術を中心とした常設展示には定評がある。

TRAM 広電「紙屋町西・東」　**BUS**「広島バスセンター」「紙屋町」「県庁前」

太田川基町環境護岸　1-16
Motomachi Riverbank

1983年　東京工業大学中村研究室（中村良夫）
広島市中区基町
—

太田川と中央公園が接する箇所に設けられた護岸。土木構造物の設計にランドスケープ（景観）デザインという視点を取り入れた国内初期の事例であり、味気ないコンクリートではなく芝生や自然石に覆われた護岸は当時としては斬新だった。空鞘橋の上流側には、ゆるやかに傾斜する河川敷にアクセントとなるポプラの木、さらに背景の山々による山紫水明景が表現されている。下流側には、都心部の景観に溶け込むよう直線的形状の段差を設け、水際には伝統的な石積み水制工（流速を落とすための突出部）が設置された。細部まで綿密な配慮を重ねつつも、護岸自体は自己主張せずに周辺の風景の引き立て役に徹している。

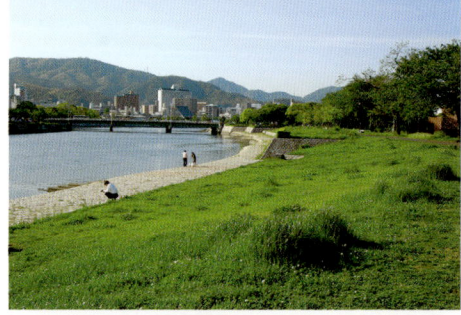

TRAM 広電「原爆ドーム前」　**BUS**「紙屋町」

基町クレド　1-17
Motomachi Cred

1994年　NTT都市開発＋日建設計＋日総建＋総合設備コンサルタント
広島市中区基町6-78
入場10:00～22:00（店舗により異なる）

中四国では最大級となる都市型複合施設（店舗、ホテル、ホールなど）。アトリウムや広場など公共空間の造形、さまざまな都市機能を結ぶ動線計画、メリハリをつけた店舗配置、サイン計画など、見どころが多い。

TRAM　広電「紙屋町西・東」　BUS「広島バスセンター」「紙屋町」「県庁前」

広島県庁舎　1-18
The Hiroshima Prefectural Government Office Building

1956年　日建設計
広島市中区基町10-52
見学可（9:00～17:00）

戦災復興のただなかで誕生した当時の大建築。あらゆる訪問者に感動を与える派手な空間はないが、ボリューム配置のバランスや、庇やコンクリートブロックによる表情付け、豊かな中庭など、古き良き近代建築の面影をよく残している。

TRAM　広電「紙屋町西・東」　BUS「広島バスセンター」「紙屋町」「県庁前」

本川小学校平和資料館　1-19
The Honkawa Elementary School Peace Museum

1928年　増田清
広島市中区本川町1-5-39
入館8:30～17:00（平日のみ）　入館無料　事務室に申し出る　団体は要予約

関東大震災以降各地に建てられたRC造の校舎のひとつで、広島ではごく初期の事例。当初は3階建てで、川に向けて開かれたL字のプランだった。1987年に解体されたが、一部が資料館として現存しており見学可能。

TRAM　広電「本川町」　BUS「本川町」「十日市」

広島市文化交流会館　1-20
Hiroshima City Cultural Exchange Hall

1985年　丹下健三・都市・建築設計研究所
広島市中区加古町3-3
見学可（9:00～18:00）　利用中の場所は立入不可

旧広島厚生年金会館。市内最大規模の多目的ホールや宿泊施設などを備え、隣接するアステールプラザとともに文化ゾーンを形成する。敷地は直接川に面しており、川に向けて開かれた配置計画となっている。

TRAM　広電「舟入町」「市役所前」　BUS　広島バス24号線「加古町」

シャレオ 1-21
Shareo

2001年　日建設計
広島市中区基町地下街100
入場5:40〜24:20

紙屋町一帯に広がる地下街。他の大都市と比べて後発であったことが幸いし、色彩や素材の選択、照明やサイン計画など、デザインの水準は高い。交差点直下はロータリー状の動線で、中心には円形の広場が設けられている。

TRAM 広電「紙屋町西・東」アストラムライン「本通」「県庁前」
BUS 「広島バスセンター」「紙屋町」「県庁前」

広島ミッドタウンビル 1-22
Hiroshima Midtown Building

1987年　出江寛建築事務所＋村田相互設計事務所
広島市中区紙屋町1-1-17
非公開

都心部のオフィスビル。通常裏側に置かれる配管類を、窓を減らしてでもあえて表に出してアルミで覆うことにより、光り輝く独特なファサードを生みだした。大きな存在感を持ちつつ、周辺との調和もはかられている。

TRAM 広電「紙屋町東」 **BUS** 「紙屋町」

福屋（八丁堀本店） 1-23
Fukuya

1938年　渡辺仁建築事務所
広島市中区胡町6-26
見学可（10:00〜19:30）

広島を基盤とする百貨店。当初から冷暖房を完備するなど、地方都市には珍しい本格的な百貨店建築だった。被爆時は躯体を残して全焼。往時の内装は既になく、外装のタイルも戦後に更新され、形だけが面影を伝える。

TRAM 広電「八丁堀」 **BUS** 「八丁堀」

広島アンデルセン 1-24
Hiroshima Andersen

1925年（改装1967年）　長野宇平治
広島市中区本通7-1
見学可（10:00〜20:00）

旧三井銀行。被爆により大破全焼するも倒壊は免れた。戦後に修復・改装され、1967年からはアンデルセンの本店として使用されている。ファサードはルネサンス様式。列柱は撤去され現存しないが、わずかに装飾をとどめる。

TRAM 広電「本通」 **BUS** 「本通り」 ■本通り商店街沿道

AREA 1

旧日本銀行広島支店　1-25
Former Hiroshima Branch of Nippon Ginko

1936年　日本銀行臨時建築部（長野宇平治•）
広島市中区袋町5-21
入館10:00〜17:00（イベントにより異なる）　内部撮影は事前申し込み要

建築家長野宇平治にとって最晩年の作品で、古典様式に基づく均整のとれた外観が印象的。ファサードはルネサンス様式•、4本の角柱にはイオニア式•の柱頭が見られるが、全体的に装飾は控えめである。1階床レベルが地盤より高いのは当時の広島で頻発した洪水を考慮したものであろう。内部は銀行建築のセオリーに沿って手前に吹き抜けの客溜り、奥に執務室を配している。躯体が非常に堅牢であったのと、被爆時に鎧戸を閉じていたこともあり、内装の多くを喪失しつつも、比較的建設当初の形態をとどめ、歴史主義建築•が建ち並んだかつての鯉城通りの面影を今に伝えている。イベントスペースとして一般公開されており、営業室や金庫室などを見学可能。

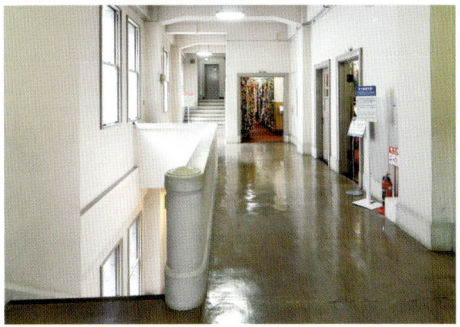

TRAM 広電「袋町」　BUS「袋町」

頼山陽史跡資料館　1-26
RAI Sanyo Shiseki Museum

1995年　日建設計
広島市中区袋町5-15
入館9:30〜16:30　入館料300円　月曜休

頼山陽で知られる頼家の屋敷跡に建つ資料館。この建物は二代目であり、初代の手すりの一部が庭園に置かれているほか、塀や門は戦前の姿をとどめる。エントランス奥の中庭は中根金作•の指導による。

TRAM 広電「袋町」　BUS「袋町」

袋町小学校平和資料館　1-27
Fukuromachi Municipal Elementary School's Peace Museum

1937年　広島市営繕課
広島市中区袋町6-36
入館9:00〜17:00　入館無料　内部撮影可

被爆校舎の一部保存。ファサードは横長の窓とひさしの組み合わせで構成され、当時としては先進的なモダンデザインであったことがうかがえる。内部の壁面は被爆時のまま保存されており、平和学習の場となっている。

TRAM 広電「袋町」　BUS「袋町」

デルタ中部　29

PENCILビル
PENCIL Building   **1-28**

1998年　住宅デザイン研究所
広島市中区袋町7-21
見学可（1F 11:00～20:00　2Fは店舗利用者のみ）3Fと屋上は非公開

広島の都心部、袋町の裏通りに建つ商業・業務ビル。建物の主要部分を奥に寄せて交差点側にテラスを設ける、緑と建物の調和をはかるなど、小品ながら中心市街地に潤いを与える建築のあり方が提示されている。

TRAM 広電「立町」「本通」

ウィスタリアフィールドモナド
Wistaria Field Monad   **1-29**

2005年　アトリエKUU（熊沢信生）
広島市中区中町1-18
見学可（1F以外は要予約）　内部撮影可

都心部の美容室。街路側はあえて閉鎖的な壁として特徴的な室内空間を形作っている。一方で交差点側の開口部や1階はガラス張りで、視線の抜けやにぎわいの連続に配慮されており、うまくメリハリのついたデザインとなっている。

TRAM 広電「袋町」　BUS 「袋町」「新天地」

本逕寺
Honkyo-ji Temple   **1-30**

1978年　錦織亮雄
広島市中区大手町3-13-11
非公開

都心部に建つ寺院。主要部分は空中に持ち上げられ、訪問者は正面の外部階段でアプローチする。周囲の高層化に対応した寺院建築のスタイルが示されただけでなく、コンクリートの魅力を引き出す大胆なデザインが試みられている。

TRAM 広電「市役所前」　BUS 「市役所前」

広島逓信病院旧外来棟
Former Ward for Outpatients of Hiroshima Teishin Hospital   **1-31**

1935年　逓信省営繕課（山田守●）
広島市中区東白島町19
見学可（9:00～16:00）病院へ申し出る　内部撮影可

建築家山田守●が逓信省在籍時に設計した初の病院建築。一部が保存されている。シンプルな白い箱を指向するモダニズム●建築であるが、端部は微妙に丸められ、アクセントとして出窓が配されている。

TRAM 広電「白島」　BUS 広電バス6号線「逓信病院」

AREA 1

アーバンビューグランドタワー 1-32
Urban View Grand Tower

2004年　坂倉建築研究所
広島市中区上八丁堀4-1
住宅・オフィス部分は非公開

一見するとありふれたアウトフレーム型*のタワーマンションに見えるが、白くシンプルな形にまとめ、低層部に店舗を入れてにぎわいに配慮するなど、街なかに建てる作法が守られている。敷地内には小さなギャラリーもある。

`TRAM` 広電「縮景園前」　`BUS` 「縮景園前」「女学院前」

広島県立美術館 1-33
Hiroshima Prefectural Art Museum

1995年　日建設計
広島市中区上幟町2-22
入館9:00～16:30　入館料500円　月曜休

縮景園に隣接した美術館の建て替え。西日本最大規模とされる大ボリュームの建築ながら、道路側には広場空間を配して圧迫感をやわらげ、縮景園側は庭園の緑との一体化を意識した設計となっている。

`TRAM` 広電「縮景園前」　`BUS` 「縮景園前」「女学院前」

縮景園 1-34
Shukkeien Garden

1620年　作庭：上田宗箇　改修：清水七郎右衛門
広島市中区上幟町2-11
入場9:00～17:00　入場料250円

広島城の周縁部に造営された回遊式庭園で、典型的な大名庭園といえる。上田宗箇の作庭とされるが江戸時代の大火からの修復で大きく姿を変えた。さらに被爆時に建物・樹木の大半を喪失し、戦後に再建されている。

`TRAM` 広電「縮景園前」　`BUS` 「縮景園前」「女学院前」

ホテルフレックス 1-35
Hotel Flex

1994年　宮崎浩＋プランツアソシエイツ
広島市中区上幟町7-1
非公開

京橋川に面して建つホテル。元は歴史ある老舗旅館だった。道路側を閉じて河川側に開いた構成は、川の街ならではの建築のスタイルを提示する。1階にはオープンテラスの飲食店があり、川辺の開放感を堪能できる。

`BUS` 広交バス バスセンター経由横川方面行き「女学院前」
■ 広島駅南口からは徒歩10分程度。

デルタ中部　31

世界平和記念聖堂
Memorial Cathedral for World Peace

1-**36**

1954年　村野・森建築事務所（村野藤吾●）＋内藤多仲
広島市中区幟町4-42
見学可（10:00〜17:00）　祭儀などの場合は非公開　団体は要予約
ふさわしくない服装・行動は慎み、祭壇などの立入禁止箇所には入らない

　中国地方におけるカトリック教会の拠点であり、戦後の建築としては初めて国の重要文化財に指定された。この地にあった幟町(のぼりちょう)教会の主任司祭として被爆したドイツ人神父フーゴー・ラサール*の熱意と世界各地からの支援により世界平和記念聖堂として再建されたものであるが、設計者を決めるコンペでは一等が出ず、審査員だった村野藤吾●が選定されるという波乱があった。

　外観はコンクリート打ち放しの躯体と現場で製作されたコンクリートレンガで構成されており、シンプルな形状ながら深みを感じさせる。目地は意図的に粗い仕上げとされ、壁面にはレンガの出し入れによる微妙な凹凸がつけられている。来訪者の目に触れにくい内部階段においても手が抜かれることはなく、手すりの柔らかな曲線は見ごたえがある。いずれも人の手の暖かみを大切にする村野らしいディテールといえよう。

　聖堂は三廊式バジリカ●と呼ばれる形状で、両側に側廊を持ち、外壁にはフライングバットレス●が付けられるなど、保守的な印象を受ける。しかし細部をよく見ると、松竹梅が表現された窓、ハスを模した照明、ドーム上に据え付けられた鳳凰など、随所に日本的なデザインが配されていることに気づく。なお、鐘、パイプオルガン、玄関扉、ステンドグラスなどはドイツを中心に世界各地から送られた寄贈品であり、世界平和記念聖堂という名に違わぬ名作建築に彩りを添えている。

*後に日本国籍を取得し愛宮真備(えのみやまきび)

TRAM 広電「銀山町」　**BUS** 広島バス21・22・24・25号線「銀山町」、広交バス バスセンター経由横川方面行き「女学院前」

東平塚のアトリエ　1-37
Studio in Higashi-Hiratsuka

1998年　宮森洋一郎建築設計室
広島市中区東平塚町1-1
非公開

京橋川に面して建つ設計事務所。シンプルな箱の中にギャラリー、事務所、住宅が配され、中央部の階段とボイドが諸機能をつなぎ、また隔てる。多様な開口部でリバースケープを取り込む工夫は、川の街らしい表現。

TRAM 広電「比治山下」　BUS 広島バス23-1・31号線「比治山下」、広島バス50号線「平塚町」

比治山本町のアトリエ　1-38
Atelier in Hijiyama-Honmachi

1998年　村上徹建築設計事務所
広島市南区比治山本町1-27
非公開

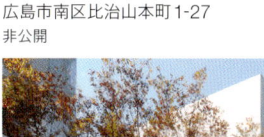

比治山の麓、高低差のある敷地に建つ設計事務所。極めてシンプルなコンクリートの箱の中で、洗練された様々な空間表現が展開され、それらが透明ガラスを用いた特徴的なフォルムの階段室で結び付けられている。

TRAM 広電「比治山下」　BUS 広島バス23-1・31号線「比治山下」

頼山陽文徳殿　1-39
RAI Sanyo Buntokuden

1934年　広島市営繕課
広島市南区比治山町7-1
非公開

頼山陽の没後100年祭を契機に、頼家一族の墓所に隣接した敷地に建てられた。市内に現存するほぼ唯一の近代和風建築であり、当初の屋根は瓦ぶきだった。頂部の相輪(そうりん)は被爆時の爆風で変形したまま保存されている。

TRAM 広電「比治山下」　BUS 広島バス23-1・31号線「比治山下」

広島市現代美術館　1-40
Hiroshima City Museum of Contemporary Art

1988年　黒川紀章建築・都市設計事務所＋広島市
広島市南区比治山公園1-1
入館10:00～16:30　月曜休　内部撮影は申請により許可される場合あり

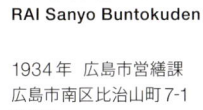

現代美術を専門とする公立美術館の草分け。地上部は神殿のような列柱と、日本の伝統的な蔵を連想させる造形となっている。建物の大部分を地下に埋め、比治山の稜線を乱さないよう配慮していることも特徴。

TRAM 広電「比治山下」　BUS 広島バス23-1・31号線「比治山下」「段原中央」　■段原中央バス停近くにエスカレーターあり。

デルタ中部

広島東照宮
Hiroshima Toshogu Shrine　　1-**41**

唐門：1646年　本殿：1984年　不詳
広島市東区二葉の里2-1-18
外観のみ見学可（7:00〜19:00）拝観無料

江戸時代に各地に建てられた徳川家康を祀る神社のひとつ。石段の上にそびえる唐門と両脇を固める翼廊（市指定重文。平成24年大修理完了）が特徴的な風景を見せる。本殿、拝殿は被爆時の火災により焼失、戦後再建された。

BUS 広島バス27号線「東照宮入口」　■広島駅北口からは徒歩12分程度

国前寺
Kokuzen-ji Temple　　1-**42**

本堂：1671年竣工　不詳、2006年解体修理　文化財建造物保存技術協会
広島市東区山根町32-1
外観のみ見学可（6:00〜17:00）拝観無料

広島デルタの北端部、丘の麓に建つ寺院。広島藩主浅野家ゆかりの寺として知られる。被爆時には強烈な爆風により被害を受けるも焼失は免れ、戦後の修理を経て往時のたたずまいを今に伝えている。国指定重要文化財。

BUS 広島バス27号線「新幹線口」　■広島駅北口からは徒歩15分程度

広島市民球場・マツダスタジアム
Mazda Stadium　　1-**43**

2009年　環境デザイン研究所
広島市南区南蟹屋2-3-1
見学ツアーあり（要予約・有料）詳細はウェブ参照

貨物駅ヤードの跡地に建つ、広島東洋カープの本拠地球場。企画段階から球団が参加し、青空のもとでの野球本来の楽しさを体現するという明確な方針が立てられた。その結果、コストコントロールをしながらも内野天然芝や客席のグレードでは妥協しないなど、うまくメリハリをつけた設計となっている。また、球団が指定管理者となることで、使う側の視点に立った進化を今なお続けている。外周部を一周できるコンコースを設け、開口部や座席を巧みに配置することによって、多様なコミュニケーション（観客と選手・観客どうし・観客と新幹線など）が演出されている点にも注目。

BUS 広島バス21-1・21-2号線「マツダスタジアム前」　■広島駅南口からは徒歩15分程度

AREA **1**

AREA 2

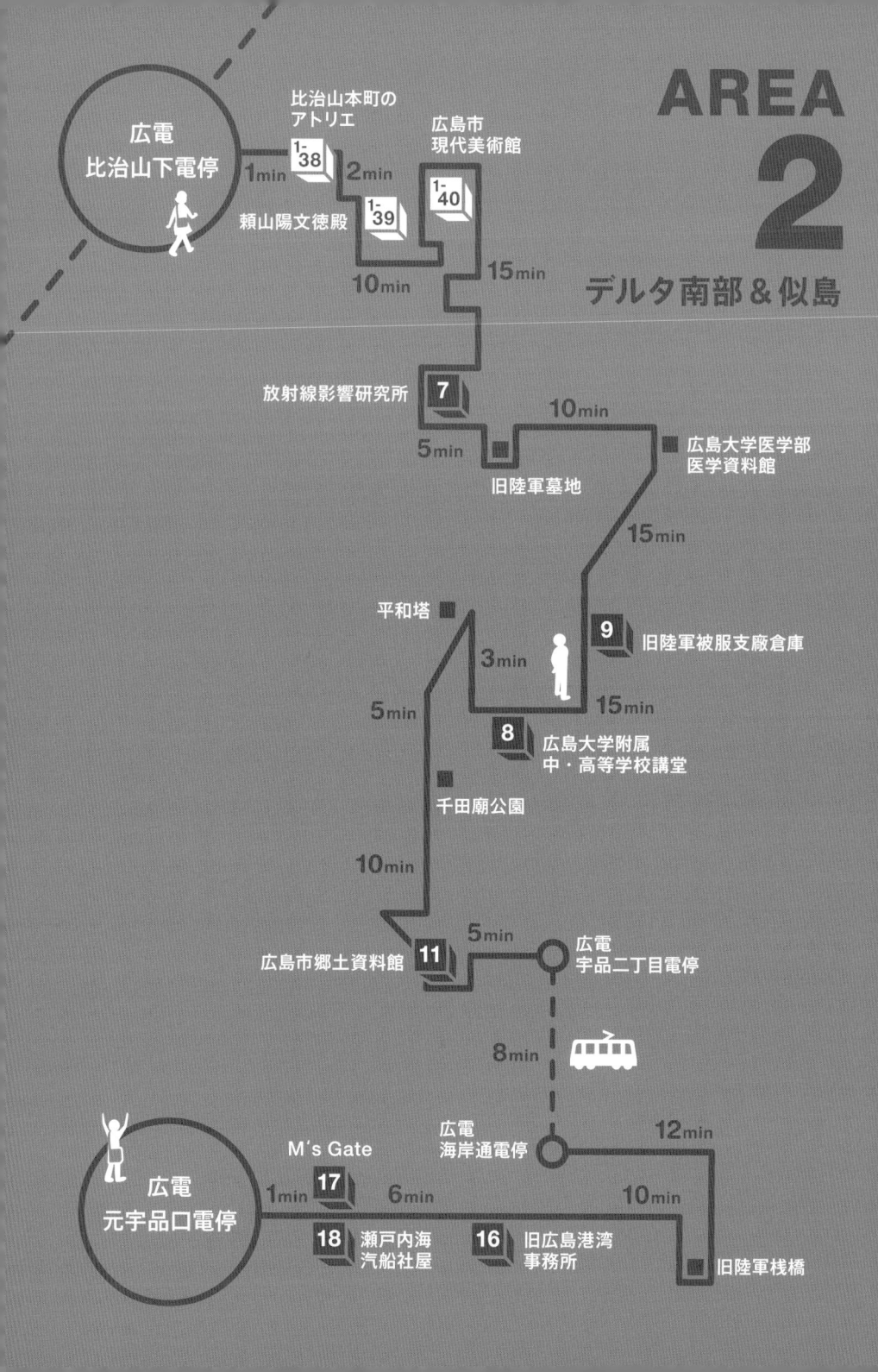

デルタ南部＆似島

- 広電 比治山下電停
- 1min → 1-38 比治山本町のアトリエ
- 2min → 1-40 広島市現代美術館
- 1-39 頼山陽文徳殿
- 10min
- 15min
- 放射線影響研究所
- 5min → 旧陸軍墓地
- 7
- 10min → 広島大学医学部医学資料館
- 15min
- 平和塔
- 3min
- 9 旧陸軍被服支廠倉庫
- 5min
- 15min
- 8 広島大学附属中・高等学校講堂
- 千田廟公園
- 10min
- 広島市郷土資料館
- 11
- 5min → 広電 宇品二丁目電停
- 8min
- 広電 海岸通電停
- 12min
- M's Gate
- 17
- 1min
- 6min
- 10min
- 広電 元宇品口電停
- 18 瀬戸内海汽船社屋
- 16 旧広島港湾事務所
- 旧陸軍桟橋

AREA 2-1

舟入本町
市役所前
舟入幸町
住吉町
鷹野橋
舟入川口町
日赤病院前
南観音
舟入川口町
舟入橋
南大橋
舟入小入口
千田町
羽衣町
吉島公園
銭高組広島支店 03
吉島町
広島県情報プラザ
広電江波線
舟入南
千田公園
舟入南町
吉島橋
元安川
江波
本川
南千田橋
江波営業所
広島バス24号線
江波皿山公園
シュモー会館
古島病院
江波本町
光南
舟入通り
広島市江波山気象館／
01 旧広島地方気象台
江波トンネル北
江波山公園
広島高速3号線
南吉島
吉島営業所
広島市環境局中工場 04

N ［3］min. 0 200m

AREA 2-3 P.44

掲載建築　その他の建築　おすすめまち歩きコース　電停（広電・アストラムライン）　バス停

AREA **1-2** P.20

AREA **2**

国泰寺2
竹屋町西
02 東千田公園
昭和町
市営平和アパート 06
平野橋
広電本社前
広島電鉄
05 千田町変電所
広電前
御幸橋
御幸橋
猿猴川
比治山下
比治山下
比治山橋
比治山橋
放射線影響研究所 07
比治山本町
南区役所前
日産プリンス広島販売比治山店
皆実町二丁目
皆実町
皆実町六丁目
皆実町4
段原中央
公共エスカレーター
比治山公園
旧陸軍墓地
宇品方面を一望できる眺望点
広島大学医学部
医学資料館
国道2号線
西霞町
09 旧陸軍被服支廠倉庫

P.38
AREA **2-2**

南千田東町
平和塔
旧日清戦争凱旋碑
広大附属学校前
千田廟公園
宇品築港を推進し、広島近代化に貢献した千田貞暁知事の銅像がある
県病院前
広島市郷土資料館／
11 旧宇品陸軍糧秣支廠缶詰工場
勝利湯
宇品二丁目
御幸2
宇品三丁目
宇品通り
宇品神田
12 ソットスタッツィオーネ
宇品四丁目
御幸4
広電宇品線
宇品五丁目
宇品ショッピングセンター
広島大学附属
08 中・高等学校講堂
県立広島大前
黄金山通り
県立広島大学
10 図書館
翠
山城町
宇品線記念モニュメント
宇品線廃線跡
軍用鉄道として建設された宇品線の廃線跡が緑地帯として残っている
丹那町
広島高速3号線

宇品西

デルタ南部&似島 37

AREA 2-2

東雲

東雲2丁目

東雲本町3丁目

国道2号線

西本浦町

邇保姫神社入口

邇保姫神社入口

東本浦

13 半べえ庭園

本浦

地方

広電バス4号線

AREA 2-1 P.36

仁保の街並み 14

仁保

渕崎

広島高速2号線

黄金山通り

丹那新町

柞木

猿猴川

旧楠那小学校奉安殿

日宇那の街並み

仁保4丁目

仁保車庫前

日宇那町

広島高速3号線

JR山陽本線

大黒通り

JR向洋駅

N 0 200m ③min.

■掲載建築　■その他の建築　●バス停

AREA 2

2-01 広島市江波山気象館／旧広島地方気象台
Hiroshima City Ebayama Museum of Meteorology

1934年　広島県建築課
広島市中区江波南1-40-1
入館9:00～16:30　入館料100円　月曜休　建物のみ内部撮影可

広島デルタの南端、江波山に建つ古い気象台で、現在は改装され気象に関する博物館となっている。外観は表現主義●と呼ばれるスタイルで、アール・デコ●の要素も見られる。エントランスの庇を支える柱が1本のみであったり、塔屋の片持ち階段●が装飾的に使われたりと、RCという当時の新技術を使い新しい表現へチャレンジした様子がうかがえる。室内でも曲線が多用され、外観同様柔らかな印象。広島の被爆建築はたとえ躯体が残ったとしても内部は全焼した例が多く、室内装飾が往時のまま残っているのはきわめて貴重といえる。建物内のひと部屋と北側の外壁は被爆時に近い姿で保存されている。

TRAM 広電「江波」　BUS 広電バス6号線「江波トンネル北」　■急な上り坂や階段あり　■場内に駐車場あり

2-02 東千田公園
Higashisenda Park

1999年　山本紀久
広島市中区東千田町1
―

大学キャンパス跡地に整備された公園。100m四方の広場を中心に、芝生広場や並木道などが配されている。多くの樹木が保存され、かつての風情をとどめる。園内からは旧広島文理科大学本館（非公開）を望むことができる。

TRAM 広電「日赤病院前」　BUS 広電バス7号線「国泰寺町2丁目」

2-03 銭高組広島支店
The Zenitaka Corporation Hiroshima Branch

1991年　銭高組広島支店一級建築士事務所
広島市中区舟入南3-1-5
非公開

舟入通りに面して建つオフィスビル。表通り側は金属やガラスを多用した開放的なデザインで、鉄骨の構造体を連想させる造形が特に印象的。裏通り側は白い壁による量感を強調したデザインとなっている。

TRAM 広電「舟入南町」　BUS 広電バス6号線「舟入小学校入口」

広島市環境局中工場
Hiroshima City Naka Incineration Plant

2-**04**

2004年　谷口建築設計研究所（谷口吉生●）
広島市中区南吉島1-5-1
見学可（ガラス通路：9:00～16:30　工場内部：要予約）

臨海部に新設された清掃工場。都市に必要な施設であることをアピールするため、建物全体が金属で覆われ、工場らしさが強調された外観となっている。

来訪者は2階に設けられたガラス通路「エコリアム」に導かれる。そのデザインは葛西臨海公園クリスタルビュー（東京都）との類似性を指摘できるが、空間表現にはより強い意図がうかがえる。たとえば、軸線は海に直交し、北には文明の象徴たる市街地、南には海という大自然を遠望でき、清掃工場がその中間に位置することを感じさせる。さらにこの軸は吉島通りを介して平和記念公園に至っており、広島を象徴する都市軸にもつながっている。

エコリアムからは焼却設備や清掃車のカットモデルを眺めることができる。新型の焼却設備は有害物質や臭いを出すこともなく、ゴミ処理につきまとうネガティブなイメージからは程遠い。むしろエコリアムの洗練された空間デザインによって、設備類が美術品のように見えてくる。各地で美術館を多く手がける谷口吉生●らしいアプローチといえる。

言葉ではなく空間表現によってゴミへの意識改革を促す、稀代の名作である。エコリアム以外の見学通路や所々のサインに至るまで丁寧にデザインされているので、訪問の際にはぜひ予約して、工場内部も見学するようにしたい。

BUS 広島駅、本通り、平和記念公園などから広島バス24号線（吉島営業所行き）に乗車し「南吉島」で下車　■場内に駐車場あり

AREA 2

広島電鉄千田町変電所　2-05
Hiroden Sendamachi Substation

1912年　不詳
広島市中区東千田町2-9-29
非公開

旧広島電気軌道火力発電所。当時の路面電車は自前の発電所を持っていた。建物の東側にはかつて平田屋川という運河があり、発電の燃料となる石炭を船で輸送していたという。市内に残る数少ないレンガ建築のひとつ。

TRAM 広電「広電本社前」　BUS 広島バス21-1・50号線「広電前」

市営平和アパート　2-06
Heiwa Public Housing

1949～50年　広島市
広島市中区昭和町
非公開

戦後初の鉄筋コンクリート造の公営住宅である都営高輪アパート（東京都・現存せず）に続き、ほぼ同設計で建てられた市営住宅。増築されつつも当時の面影をとどめる。被爆4年後にこれほどの建築が建てられた事実に感銘を受ける。

TRAM 広電「南区役所前」　BUS 広電バス7号線・広島バス26号線「昭和町」

放射線影響研究所　2-07
Radiation Effects Research Foundation

1951年　York and Sawyer社（米国ニューヨーク）
広島市南区比治山公園5-2
見学可（学習目的のみ）要予約

比治山の上に建つ、放射線が人体に及ぼす影響を研究する施設。外観上の特徴はボールト屋根。いわゆる"かまぼこ型"の建物がこれほどよく残っている事例は国内でも稀であろう。

TRAM 広電「比治山下」　BUS 広島バス23-1・31号線「比治山下」「段原中央」　■段原中央バス停近くにエスカレーターあり

広島大学附属中・高等学校講堂　2-08
Auditorium of Hiroshima Univ. High School

1927年　文部省営繕課
広島市南区翠1-1-1
非公開（事前相談により見学許可する場合あり）

広大附属中高のシンボル的な建物。建築家丹下健三も在籍した旧制広島高校の講堂として建てられ、一部の装飾など往時の面影をとどめつつ、現役で使われている。前面の廊下の屋根はファサードを隠さないようガラスとなっている。

TRAM 広電「広大附属学校前」　BUS 広島バス21-1号線「広大附属高校前」

デルタ南部&似島　41

旧陸軍被服支廠倉庫
Former Army Clothing Depot
2-09

1913年　不詳
広島市南区出汐2-4-60
非公開

被服廠とは軍服や軍靴を製造する工場であり、その倉庫4棟が現存する。レンガで覆われているが、実際は国内最古級のRC（鉄筋コンクリート）造。内部は3層構造でコンクリートのスラブ（床）があり、各所からは黎明期のRC建築の様相がうかがえる。躯体は被爆時の爆風に耐えたが、外装の鉄扉はかなり変形しており、その衝撃の大きさが実感できる。戦後は民間企業の倉庫などに使用された。

　広島デルタの軍需工場はすでにその大半が解体されており、軍都広島がいかに大規模なものであったかを実感できる場所はここをおいてほかになく、きわめて重要な遺構といえる。内部は非公開だが外観だけでも見る価値がある。

TRAM 広電「皆実町六丁目」　BUS 広島駅などから広島バス31号線に乗車し「皆実町4丁目」下車

県立広島大学図書館
Library of the Prefectural Univ. of Hiroshima
2-10

1997年　石本建築事務所
広島市南区宇品東1-1-71
見学可（授業期間の平日9:00～21:30）受付に申し出る

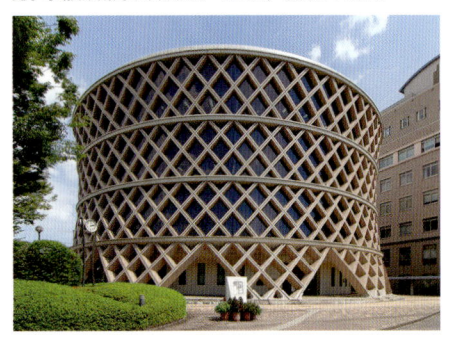

珍しい円形プランの図書館。構造材をそのまま見せることで特徴的な外観を形成。閲覧室や書架は2～4階の吹き抜けを囲むように配置されている。来館者を1階のエントランスから2階へ導く階段のデザインも印象深い。

TRAM 広電「県病院前」　BUS 広島バス31号線「県立広島大学前」

広島市郷土資料館／旧宇品陸軍糧秣支廠缶詰工場
Hiroshima City Museum of History and Traditional Crafts
2-11

1911年　不詳
広島市南区宇品御幸2-6-20
入館9:00～16:30　入館料100円　月曜休　内部撮影は要許可

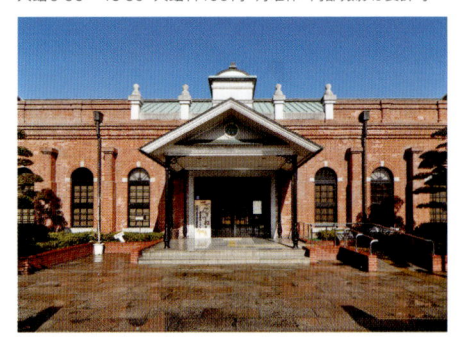

日清戦争以降、市内に建設された陸軍施設のひとつで、軍用の缶詰などが生産されていた。戦後は民間企業が使用した後、一部が市の博物館として保存されることになり、レンガ壁の内側にコンクリート躯体が新設された。

TRAM 広電「宇品二丁目」　BUS 広島バス21-1号線「御幸2丁目」

ソットスタッツィオーネ　2-12
Sottostazione

1943年　不詳
広島市南区宇品御幸3-17-7
店舗利用者のみ見学可（11:30〜14:00・18:00〜21:00　火曜休）
内部撮影は要許可

旧中国配電南部変電所。マシンハッチや滑車など変電所時代の痕跡を残したまま、飲食店へ改装された。物資統制下にあった戦時中の建築であるが、エントランス周辺には逓信建築風のデザインが見られる。

`TRAM` 広電「宇品四丁目」　`BUS` 広島バス21-1号線「御幸4丁目」

半べえ庭園　2-13
Hanbe Garden

1970年　重森三玲
広島市南区本浦町8-12
入園9:00〜18:00　入園料400円（店舗利用者は無料）　火曜休
庭園の撮影可

広島デルタの南端部にある、ツツジで名高い庭園および料亭。庭園自体は戦前からの歴史があり、一部は昭和を代表する造園家の重森三玲（みれい）がデザインを担った。庭園鑑賞のみで入場することも可能。

`BUS` 広島駅、的場町などから広電バス4号線に乗車し「邇保姫神社入口」下車

仁保の街並み　2-14
Niho Neighborhood

江戸時代以降　−
広島市南区仁保、東本浦町
−

黄金山の麓に残る歴史的街並み。もとは牡蠣や海苔の養殖を中心とする漁村であったが、埋め立てや道路建設、住宅開発などにより市街地に囲まれることになった。土蔵など往時をうかがわせる痕跡が各所に見られる。

`BUS` 広島駅、的場町などから広電バス4号線に乗車し「東本浦」下車

MINI COLUMN 2
宇品線跡

　宇品の東側に、かつての国鉄宇品線の廃線跡が残っている。これは広島駅と宇品港（広島港）を連絡するもので、日清戦争時にわずか17日間で仮設された軍用鉄道を起源とする。沿線には被服支廠や兵器支廠などの軍需工場が立地し、終着の宇品駅は日本一長いプラットホームで知られていた。終戦直後は焼け残った軍需工場跡へ多くの官公庁が避難したため、宇品線も旅客輸送に活躍したが、やがて需要は減少し1966年に一般旅客輸送を停止。1986年には貨物輸送も停止され、宇品線は廃線となった。現在でも一部の鉄道敷や、広島駅0番ホーム跡などの痕跡を見ることができる。

記念モニュメント
（広島南警察署付近）

AREA 2

デルタ南部&似島

AREA 2-3

地図上の表記:
- 15 Fビル
- 宇品西6
- M's Gate 17
- 宇品町
- 広島みなと公園
- 海岸通
- 宇品海岸
- 16 旧広島港湾事務所
- 広島高速3号線
- 元宇品口
- 広島港桟橋
- 元宇品口
- 広島港市営桟橋
- 学園桟橋行き旅客船乗り場
- パラダイスの塔
- 広島港県営桟橋
- 広島港(宇品)
- 県営桟橋上屋
- 宮島行き旅客船 学園桟橋行きフェリー乗り場
- 市営桟橋―学園桟橋
- 旧陸軍桟橋
- 旧宇品港を見渡せる眺望点
- 広島湾
- 18 瀬戸内海汽船社屋
- 元宇品町
- 広島バス21-1号線
- 元宇品公園
- グランドプリンスホテル広島
- 広島―グランドプリンスホテル広島―宮島
- グランドプリンスホテル広島 19
  高層階からは広島湾を一望できる
- 宇品灯台
- 広島―学園桟橋―似島

AREA 2-1 P.36
AREA 2-4 P.46

凡例:
- 掲載建築
- その他の建築
- おすすめまち歩きコース
- 電停（広電・アストラムライン）
- バス停

3 min. 0 200m

Fビル 2-15
F Building

1999年　武田設計（武田正義）
広島市南区宇品西4-4-40
店舗部分のみ見学可（1F：平日8:00〜18:00　土8:00〜17:00
日祝休　2Fは営業時間が異なる）

アンティーク家具や船具などを扱う店舗。ファサードはシンプルな白い箱だが、スリット状の開口部から2階に上がると円形の水盤を持つ中庭が出現し、全く違う印象に。全体として水を内包する建物となっている。

TRAM 広電「元宇品口」　BUS 広島バス21-2号線「宇品西6丁目」

AREA 2

旧広島港湾事務所　2-16
Former Port & Harbor Police Office

1909年　不詳
広島市南区宇品海岸 3-11
非公開

かつての水上警察所で、ファサードは陸側と海側の両方にある。旧宇品港の面影を伝える貴重な遺構であり、広島デルタに現存するおそらく唯一の木造洋館でもあるが、現在は使用されていない。

TRAM 広電「海岸通」

M's Gate　2-17
M's Gate

1999年　吉柳満
広島市南区宇品海岸 1
非公開

幹線道路沿いに建つガソリンスタンド。道路拡幅によって奥行きが極端に狭くなった敷地に対処するため、考えだされたコンセプトはシンプルな門。ガソリンスタンドらしからぬ洗練されたデザインが印象的。

TRAM 広電「元宇品口」　BUS 広島バス 21-1 号線「宇品町」

瀬戸内海汽船社屋　2-18
Setonaikaikisen Corp.

1965年　大丸
広島市南区宇品海岸 1-12-23
非公開

広島港近くに建つ旅客船会社の事務所で、当時の最新設備を備えた意欲的な設計。個性的なファサードを構成し、内外を穏やかに区切るのは有田焼のブロック。片持ち庇なども建設当時のままであろう。

TRAM 広電「元宇品口」　BUS 広島バス 21-1 号線「宇品町」

グランドプリンスホテル広島　2-19
Grand Prince Hotel Hiroshima

1994年　池原義郎・建築設計事務所＋大林組
広島市南区元宇品町 23-1
共用部のみ見学・撮影可

貴重な自然林を残す元宇品の造船所跡に建てられたホテル。高層棟は三角形になっていて全周に窓を持ち、広島湾を見渡せる眺望を最大限に活かした設計となっている。ホテル前の桟橋は旅客船の発着場。

BUS 広島駅、本通り、広島港などから広島バス 21-1 号線に乗車し「グランドプリンスホテル広島」下車

デルタ南部&似島

AREA 2-4

AREA 2-3 P.44

AREA 2

2-20

似島学園 高等養護部・児童養護施設学習館
Ninoshima Gakuen
2010年　宮森洋一郎建築設計室
広島市南区似島町長谷1487
見学可（平日9:00～16:00）要受付

広島湾に浮かぶ似島の旧陸軍検疫所跡地に、戦後開設された養護施設の増改築。高等養護部は、中庭から海が望めるコの字型の建物で、食堂、作業室、寮などを備える。児童養護部学習館は柱のない造りで、開放性が高い。

🚢 広島港市営・県営桟橋より「学園桟橋」行きの連絡船に乗る。似島には複数の桟橋があるので注意。

広島湾
広島─学園桟橋─似島

安芸小富士▲

信谷

似島港
広島港県営桟橋行き
フェリー乗り場

似島町

旧軍施設の遺構

20 似島学園

学園桟橋
広島─学園桟橋─似島
広島湾
広島港市営桟橋行き旅客船
広島港県営桟橋行きフェリー乗り場

似島臨海少年自然の家

似島臨海公園

似島観音堂

N
3 min.
0 200m

46　■掲載建築　■その他の建築

AREA 3
デルタ北部

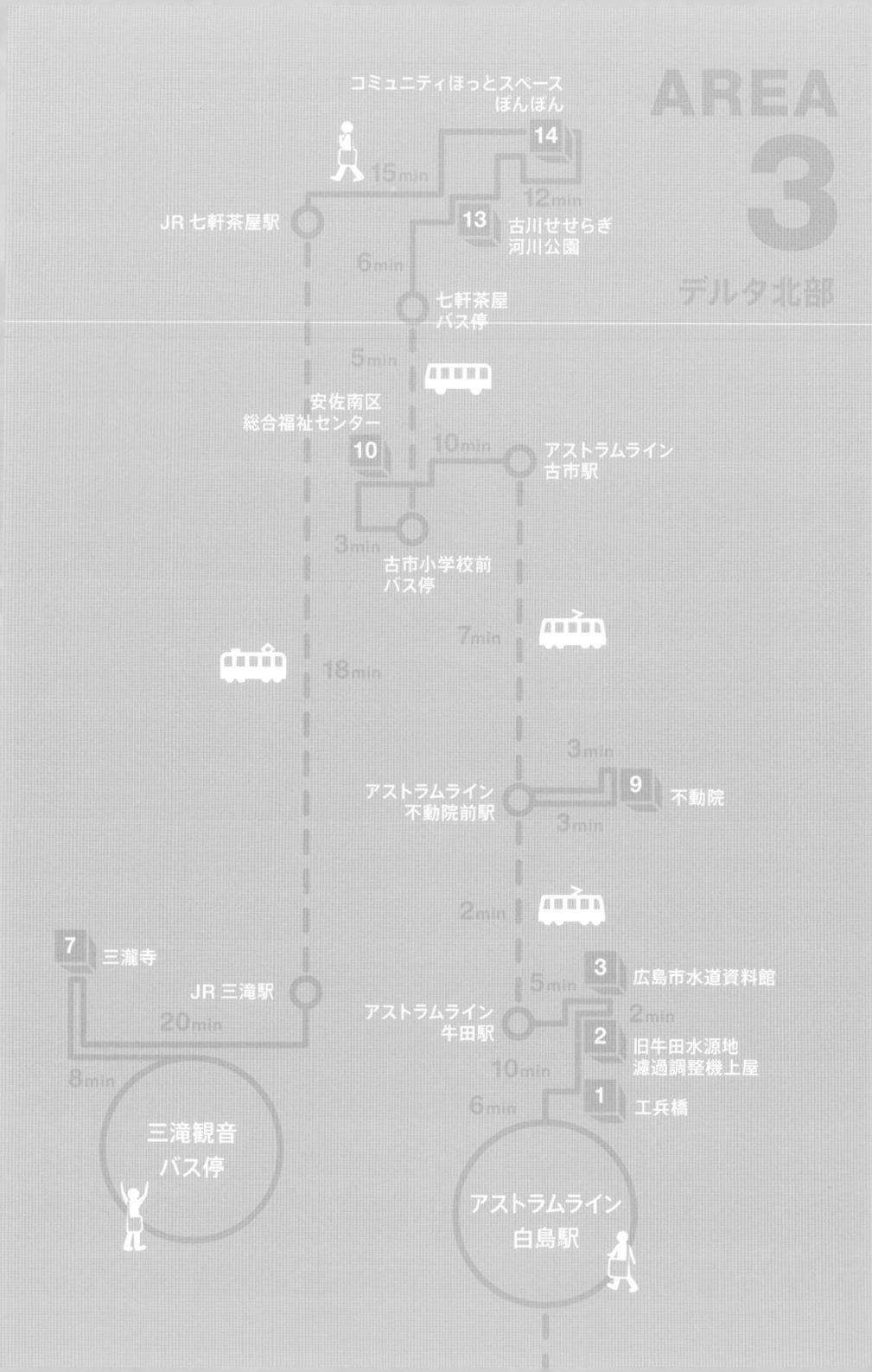

- コミュニティほっとスペース ぽんぽん 14
- 15min
- JR 七軒茶屋駅
- 12min
- 13 古川せせらぎ河川公園
- 6min
- 七軒茶屋バス停
- 5min
- 安佐南区総合福祉センター 10
- 10min
- アストラムライン古市駅
- 3min
- 古市小学校前バス停
- 7min
- 18min
- アストラムライン不動院前駅
- 3min
- 3min
- 9 不動院
- 2min
- 3 広島市水道資料館
- 5min
- 7 三瀧寺
- 2min
- JR 三滝駅
- 2 旧牛田水源地濾過調整機上屋
- 20min
- アストラムライン牛田駅
- 1 工兵橋
- 10min
- 6min
- 8min
- 三滝観音バス停
- アストラムライン白島駅

AREA 3-1

- 08 イエズス会長束修道院
- 山本小学校前
- 長束町
- JR安芸長束駅
- 祇園大橋
- 新庄町
- 新庄橋
- 大宮
- 07 三瀧寺
- 階段のある細い山道
- 三滝山
- 太田川放水路
- 三條北町
- 大芝公園
- 広安バス 新道経由 可部方面行き
- 三滝観音
- JR三滝駅
- 06 三瀧荘
- 三滝町
- 三條町3丁目
- 広島バス22号線 三滝観音行き
- 三滝橋
- 三篠3丁目
- 三篠教会 05
- 竜王公園
- 出雲街道
- 楠木町
- JR横川駅
- JR山陽本線

N ⬛ 掲載建築 ⬛ その他の建築 ━━ おすすめまち歩きコース ● 電停（広電・アストラムライン） ● バス停

3 min.
0 200m

AREA 3

AREA 3-2 P.50

- 祇園の街並み
- JR下祇園駅
- 祇園
- 可部街道
- 西原
- 祇園新橋北
- 祇園新道
- 戸坂山崎町
- 太田川
- 祇園新橋
- 不動院前
- 不動院
- **09 不動院**
- アストラムライン
- 大芝橋
- 浅野山緑地
- 牛田山
- 牛田緑地
- 旧牛田水源地
- 濾過調整機上屋
- **02**
- **03 広島市水道資料館**
- 牛田
- 新牛田公園
- 東区スポーツセンター入口
- 牛田総合公園
- 広島女学院大学
- ゲーンスチャペル **04**
- 新こうへい橋
- **01 工兵橋**
- 牛田旭
- 牛田本町
- 牛田旭
- 北大橋
- 白島
- 広電バス6号線
- 女学院大学前

AREA 1-2 P.20

デルタ北部 49

AREA 3-2

- 12 レストランカフェ フロート
- 階段のある細い山道
- 毘沙門台中
- 毘沙門台
- 緑井
- JR七軒茶屋駅
- コミュニティほっとスペース ぽんぽん 14
- 七軒茶屋
- 佐東出張所口
- 古川せせらぎ河川公園 13
- JR緑井駅
- 中緑井
- 山陽自動車道
- 広島I.C.
- 川内2丁目下
- 11 オリーブ
- JR大町駅
- アストラムライン
- 可部街道
- 大町西
- JR可部線
- 中須
- 古市
- 安佐南区総合福祉センター 10
- 古市小学校前
- 古市
- 出雲街道
- 下古市
- 中筋
- 中筋
- 東野
- JR古市橋駅
- 広交バス 祇園経由 可部方面行き
- AREA 3-1 ▶P.49
- 中国新聞古市販売所
- 祇園新道

N 3 min. 0 200m

掲載建築　その他の建築　おすすめまち歩きコース　電停（広電・アストラムライン）　バス停

AREA 3

工兵橋　3-01
Kohei Bridge

1954年　不詳
広島市中区白島北町
—

橋の多い広島でも珍しい、吊り構造の人道橋。白島に駐留していた陸軍工兵隊が牛田の作業場へ行けるよう1889年に架橋したことを起源とする。被爆時にも落橋することはなかったが、戦後に架け替えられ現在に至っている。

TRAM アストラムライン「白島」「牛田」　■安田学園の北側

旧牛田水源地濾過調整機上屋　3-02
Former Filtration Plant of Ushita Reservoir

1924年　不詳
広島市東区牛田新町1-8-1
非公開

旧浄水場の濾過池にあったレンガ造の機械室で、1棟のみ現存しており、フェンス越しに見学できる。かつての濾過池は運動場に転用されるなど大きく変貌しており、この建屋周辺だけが往時の姿をわずかに伝えている。

TRAM アストラムライン「牛田」　BUS 広島バス30号線「東区スポーツセンター入口」　■テニスコートと水道局庁舎の間にある。

広島市水道資料館　3-03
Museum of Waterworks

1924年　不詳
広島市東区牛田新町1-8-1
入館9:00～16:30　入館無料　月火木休　内部撮影可

旧牛田水源地送水ポンプ室。広島の近代水道は軍用水道を起源とし、ここから各地に送水されていた。一見するとレンガ造に見えるが実は鉄筋コンクリート造。内部は資料館に改装されており当初の姿をとどめていない。

TRAM アストラムライン「牛田」　BUS 広島バス30号線「東区スポーツセンター入口」

広島女学院大学ゲーンスチャペル　3-04
Hiroshima Jogakuin Univ. Gaines Chapel

2006年　一粒社ヴォーリズ建築事務所
広島市東区牛田東4-13-1
見学可（平日8:30～17:00　土8:30～12:30）学生、教職員の静思・修養の場につき静粛に過ごす

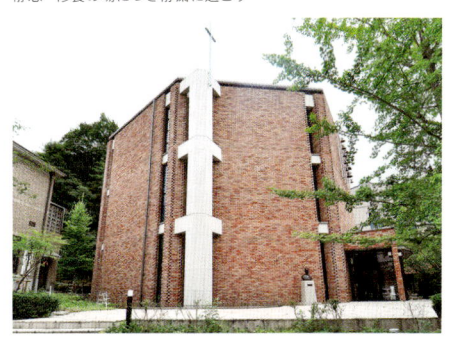

牛田の山中に建つ礼拝施設。礼拝堂本体は七角形で左右非対称という珍しい形状になっている。各頂点にはスリット状の開口部があり、青を基調とするステンドグラスが時間帯によりさまざまな表情を見せる。

BUS 八丁堀などから広電バス6号線に乗車し「女学院大学前」下車

三篠教会　3-05
Catholic Misasa Church

1952年　イグナチオ・グロッパー
広島市西区楠木町4-16-30
見学可（月9:00〜12:00　火金9:00〜12:00・13:00〜16:00
水木13:00〜16:00）

住宅地に建つ小さな教会建築。モダニズムに席巻される前の伝統的なスタイルをとどめる。戦後の早い時期に建てられた木造建築で豪華な装飾こそないが、内装や建具には木が多用され、暖かみのある風合いを醸しだしている。

TRAM アストラムライン「白島」 **BUS** 広島バス22号線「三篠3丁目」、広交バス可部方面行き「三篠町3丁目」■崇徳学園近く

三瀧荘　3-06
Mitakiso

1946年竣工　不詳、2009年改修　株式会社エイジ（佐藤一郎）
広島市西区三滝町1-3
店舗利用者のみ見学可（11:30〜15:00・17:30〜22:00　第2水曜休）内部撮影可

広島デルタの北端部に建つ、歴史ある料亭を改装した飲食店・結婚式場。一部は戦前の邸宅建築を活用している。広島に残る被爆建築において寺社以外の木造建築、そのなかでも邸宅はきわめて珍しく、貴重である。

BUS 広島バス22号線三滝行き「三滝町」、広交バス可部方面行き「三滝町3丁目」

三瀧寺　3-07
Mitakidera Temple

1968年（本堂）　不詳
広島市西区三滝山411
外観のみ見学可（3-11月8:00〜17:30　12-2月8:00〜17:00）

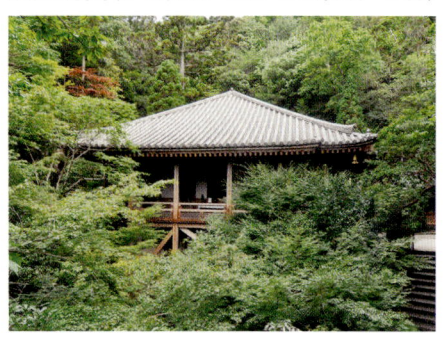

紅葉の名所として知られる寺院。小川を巧みに取り込んだ本堂は、被爆時のダメージが大きく1960年代に再建された。境内には多くの慰霊碑が立てられている。最寄りのバス停・駐車場から長い坂道を歩くので注意。

TRAIN JR「三滝」 **BUS** 紙屋町、横川駅などから広島バス22号線三滝行きに乗車し「三滝観音」下車

イエズス会 長束修道院　3-08
Nagatsuka Jesuit Residence

1938年　不詳
広島市安佐南区長束西2-1-36
非公開

カトリック教会の修道院。和風の建築デザインを採用したのは戦時下にあったゆえと思われるが、戦後の増築部もやはり和風となっており統一感がある。仏教的な塔の頂点に十字架が置かれるなど、興味深い意匠である。

TRAIN JR「安芸長束」 **BUS** 広島駅、横川駅などから広交バス山本方面行きに乗車し「山本小学校前」下車

AREA 3

不動院
Fudoin Temple
3-09

金堂1540年（天正年間に移築） 楼門16世紀後半 鐘楼1433年（天正年間に移築） 不詳
広島市東区牛田新町3-4-9
外観のみ見学可（日の出から日の入りまで） 拝観無料

広島デルタの北端部に位置する寺院。前身は安芸国安国寺とされる。戦国時代に毛利氏の外交僧として活躍した恵瓊（えけい）が住持を務め、現在の伽藍が整えられた。恵瓊の死後、広島城主福島正則の指示で真言宗に改宗する際に不動明王を安置したことから不動院と呼ばれるようになった。

金堂は広島市内の建造物で唯一国宝に指定されている。この建物は、大内氏が山口に建立し天正年中に恵瓊が移築させたものと伝えられる。現存する唐様*の金堂としては国内最大規模であり、京や鎌倉の寺院建築にも見劣りしない。鐘楼や楼門などの建物も戦災を免れ、往時のたたずまいを現在に伝えている。

TRAM アストラムライン「不動院前」

安佐南区総合福祉センター
Asaminami-ku General Welfare Center
3-10

2008年 村上徹*建築設計事務所
広島市安佐南区中須1-38-13
見学可（8:30〜17:15）

福祉事務所、学童保育所などの複合施設。目を引く大空間はないもののディテールに独自性が発揮されている。高層部の曲面は日陰を小さくするための工夫だが、ガラスを使うことでデザイン上のアクセントともなっている。

TRAM アストラムライン「古市」 BUS 広交バス可部方面行き「古市小学校前」

オリーブ
Olive
3-11

1999年 西宮善幸建築設計事務所
広島市安佐南区川内2-19-15
見学可（12:00〜17:00 月火水休）

広島インターチェンジ周辺の住宅地に建つ小さな店舗。シンプルなキューブの建物は、鉄骨造のように見えるが木造である。時間の経過とともに変化しながらも、鮮やかな赤の存在感は色あせていない。

BUS JR緑井駅から緑井循環バスに乗車し「川内2丁目下」下車。

デルタ北部

AREA 3

レストランカフェ フロート 3-12
Restaurant Cafe Float

2003年　サポーズデザインオフィス建築設計事務所（谷尻誠）
広島市安佐南区毘沙門台2-3-16
店舗利用者のみ見学可（11:30〜23:00　月火休）　内部撮影は要許可

丘陵地に造成された住宅団地の周縁部に建つ店舗併用住宅。斜面地という立地を逆手に取り、極力シンプルな形とすることで浮揚感のあるデザインに昇華させた発想はみごと。1階のカフェからは市街地を一望できる。

TRAM アストラムライン「毘沙門台」　**BUS**「毘沙門台中」■駅やバス停から歩く場合、途中に急な階段あり。車で行くのが現実的。

古川せせらぎ河川公園 3-13
Furukawa Park

1981年　不詳
広島市安佐南区緑井
—

太田川の支流である古川の一部を利用した河川公園。両岸の芝生や低木樹、水深を浅くして飛び石や丸太橋を設けた水辺など、派手さはないが憩いの場にふさわしいデザイン。基町の護岸と並び、自然を取り入れた人工護岸の先駆け。

TRAIN JR「七軒茶屋」　**BUS** 広交バス可部方面行き「七軒茶屋」、広交バス佐東バイパス方面行き「佐東出張所口」■国道54号沿い。

コミュニティほっとスペース ぽんぽん 3-14
PongPong

2006年　ラーバン
広島市安佐南区川内6-28-14
見学可（問い合わせ要　日水休　人数限定）建物のみ内部撮影可

作業所に小さなギャラリーとカフェが併設されたコミュニティ施設。縄張りから土壁塗りに至るまで、建設工事が多くのボランティアによってワークショップのように進められた。ふらりと立ち寄りたくなる良作。

TRAIN JR「七軒茶屋」　**BUS** 広交バス可部方面行き「七軒茶屋」、広交バス佐東バイパス方面行き「佐東出張所口」

MINI COLUMN 3

アストラムライン

　不動院や広域公園など、北部市街地に行く時に重宝するのがアストラムライン。郊外のニュータウン開発に伴って計画され、アジア大会開催に合わせて1994年に開業した。今なお新交通システムとしては国内随一の路線長を誇る。
　トータルデザインは広島にも縁の深い栄久庵憲司（えくあんけんじ）率いるGKが担当した。車両や駅舎はもちろん、サイン計画からコインロッカー、自販機に至るまで統一感のあるデザインが施され、広島の公共空間の水準を高めている。

AREA 4
デルタ西部

鈴が峰住宅東バス停

5min

4 市営鈴が峰東アパート

10min

3min

市営鈴が峰西アパート

公団鈴が峰第2住宅

10min

広電 商工センター入口電停

5min

2 草津の街並み

海蔵寺

3min

3min

広電 草津電停

15min

旧草津港の雁木跡

20min

庚午住宅入口バス停

10min

3 市営庚午南住宅

AREA 4-1

井口町

井口台

鈴が峰住宅西

皆賀上　**05** アマダ広島営業所

広電バス 市役所バイパス経由 藤の木団地・
東観音台・薬師が丘行き

鈴が台

井口鈴が台

西部埋立第二公園
かつての海岸線の面影を
わずかに残している

井口

JR山陽本線　広電宮島線

07 みやた眼科

国道2号線(宮島街道)

井口明神

鈴峯女子大前

八幡川橋

オタフクソース WoodEggお好み焼館 **06**

JR五日市駅
広電五日市

商工センター7丁目

藤垂園

八幡川

井口車庫

商工センター

海老山公園

新八幡川橋

学校法人鶴学園
08 なぎさ公園小学校

広島湾

AREA 4

AREA 4-2 P.60

- 01 古田幼稚園
- 02 草津の街並み
- 03 市営庚午南住宅
- 04 市営鈴が峰東アパート

古江東町 / 古江新町 / 古江 / 庚午南 / 草津本町 / 草津町 / 草津南 / 草津新町 / 草津港

西広島バイパス / JR山陽本線 / 広電宮島線 / 広島バス25号線 / 国道2号線(宮島街道) / 草津沼田道路

鈴が峰住宅東 / 鈴が峰住宅 / 公団鈴が峰第3住宅 / 市営鈴が峰西アパート / 公団鈴が峰第2住宅 / 海蔵寺 / 草津 / 浄教寺 / 庚午住宅入口 / 旧草津港の雁木跡 / 草津公園野球場 / 西区スポーツセンター / JR新井口駅 / 商工センター入口 / アルパーク / 広島サンプラザ / 広島バス25号線 / 広島市中央卸売市場 / 太田川放水路 / 高須

■ 掲載建築　■ その他の建築　── おすすめまち歩きコース　● 電停(広電・アストラムライン)　● バス停

3 min. 0 — 200m

デルタ西部　57

古田幼稚園
Furuta Kindergarten
4-01

1988年　村山建築設計事務所（村山雄一）
広島市西区古江東8-28
非公開

ルドルフ・シュタイナーの教育論を取り入れた幼稚園。木造ながら躍動感のあるフォルム、自然素材で統一された建材などが特徴的。屋根は和風小屋組で、内壁には赤系に着色された漆喰。複雑な形状のため施工は宮大工が担った。

🚋 広電「古江」

草津の街並み
Kusatsu Neighborhood
4-02

—
広島市西区草津本町、草津東ほか
—

旧街道周辺に残る古い街並み。港町・漁師町として発展し、江戸時代には宿場町（間宿(あいのしゅく)）としても栄えた。町家がまとまって残る箇所は限られるが、歴史や特徴のある寺社も多く、散策に適したエリア。

🚋 広電「草津」　🚌 広島バス25号線「草津町」

市営庚午南住宅
Kogominami Public Housing
4-03

1986〜1989年　現代計画研究所
広島市西区庚午南
非公開

木造低層の公営住宅の建て替えプロジェクト。中庭を囲むように棟を配しつつ、適度に分節して通路や視線の抜けを設けている。4階の共用廊下は空中路地のようで、全体として伝統集落に似た風情を醸しだしている。

🚋 広電「草津」　🚌 広島バス25号線「庚午住宅入口」
■ 草津駅からは徒歩20分程度。

市営鈴が峰東アパート
Suzugamine Public Housing
4-04

1980年　現代計画研究所
広島市西区鈴が峰町
非公開

広島湾を臨む丘に計画された住宅団地。階段状に住戸を配する、路地を立体的に計画するなど、急斜面という条件に応じた試みがなされている。周辺に広がる公団住宅の住棟群もバリエーション豊富で見ごたえがある。

🚆 JR「新井口」　🚋 広電「商工センター入口」　🚌 広電バス西広島バイパス経由西部方面行き「鈴が峰住宅」

AREA 4

アマダ広島営業所　4-05
Amada Building

1977年　保坂陽一郎建築研究所
広島市佐伯区五日市町昭和台32-4
見学可（事前申し込み要）内部撮影可

丘陵地に建つ事務所。モダニズム*建築のプロトタイプに近い造形で、シンプルななかに普遍的な美しさがある。高低差を利用し、基礎を含めたコンクリートの量感と鉄・ガラスの軽快さをうまくバランスさせている。

BUS 広電バス西広島バイパス経由西部方面行き「皆賀上」

オタフクソース　WoodEggお好み焼館　4-06
WoodEgg

2008年　三分一博志建築設計事務所
広島市西区商工センター7-4-5
見学可（工場見学を含む）要予約

埋立地に建つソースメーカーの施設。お好み焼に関するミュージアムやキッチンスタジオなどを備える。表面を覆う木製ルーバー*は四季の日射を考慮した角度が設定され、他に例のない個性的な外観を見せる。

BUS 本通、己斐などから広島バス25号線に乗車し「商工センター7丁目」下車

みやた眼科　4-07
Miyata Eye Clinic

2005年　窪田建築アトリエ（窪田勝文）
広島市西区井口4-2-34
非公開　診療時間帯の外観撮影不可

閑静な住宅地に建つ医院。全面ガラスと庇によって、CGかと錯覚するほど薄くシャープなスラブ（床）が表現されている。来院者や住民の迷惑とならないよう注意して見学したい。

TRAM 広電「鈴峯女子大前」

学校法人鶴学園　なぎさ公園小学校　4-08
Nagisakoen Elementary School

2003年　村上徹*建築設計事務所
広島市佐伯区海老山南2-2-30
非公開（事前相談により見学許可する場合あり）

埋立地に新設された小学校。校舎の高さは2階までに抑えられ、空が広く感じられる。複数教室で共有するフリースペース、中庭を囲む半屋外空間など、各所に"溜まり"が設けられている。芝生で覆われた校庭との調和も美しい。

TRAIN JR「五日市」　TRAM 広電「五日市」

デルタ西部　59

AREA 4

旧日本麻紡績給水塔　4-09
Nihon Asaboseki Water Tower

1919年　不詳
広島市西区己斐本町3-12-15
外観のみ見学可(10:00〜18:00)　園芸店内につき店舗に一声かけ、注意して見学する

かつて存在した紡績工場の給水塔であり、広島市西部に現存するおそらく唯一のレンガ建造物。3層構造の4面それぞれにアーチ窓が付き、外から見られることを意識した象徴性の高いデザインとなっている。

TRAM 広電「広電西広島」　BUS 広島バス25号線「己斐本町2丁目」

己斐調整場旧送水ポンプ室　4-10
Former Koi Water Pump House

1932年　不詳
広島市西区己斐東1-9-2
非公開

己斐の山の麓に建つ古いポンプ場。牛田水源地の水を高台に送るために建設されたものだが現在は機能していない。シンプルさと優美さを兼ね備えたデザインで、近年の土木施設にはない味わいがある。

TRAIN JR「西広島」　TRAM 広電「広電西広島」
■ ノートルダム清心中・高等学校近く。

AREA 4-2

■ 掲載建築　■ その他の建築　●電停（広電・アストラムライン）

AREA 5-8 郊外

3 プラス C

5min

15min

4 可部の街並み

品窮寺

15min

5min

JR 可部駅

A. CITY ヒルズ＆タワーズ　5-01
A. City

1995年　高山英華＋磯崎新（監修）
広島市安佐南区大塚西
—

広島市の西部丘陵地域に建設された「西風新都」の中心となる都市開発。アジア大会では選手村として使用された。作り込まれたアーバンデザインは見ごたえがあるが、広場が設計意図どおりに使われていないのは残念。

BUS 広島バスセンターや横川駅から広電バス花の季台・こころ西公園・こころ産業団地行きに乗車し「Aシティ中央」下車。

広島市立大学　5-02
Hiroshima City Univ.

1996年　佐藤総合計画
広島市安佐南区大塚東3-4-1
見学可（平日8:30～17:00）事務局で名札を借りて着用する
内部撮影は要許可

郊外の丘陵地、高低差のある敷地に新設された大学キャンパス。複雑な地形に明快な平面計画を持ち込み、広場を中心に3つの学部棟を扇状に配置。学部棟は妻側に開口部を設け、棟内で高低差を処理している。

BUS 広島バスセンターや横川駅から広電バス市立大学方面行きに乗車し「市立大学前」下車。

広島修道大学　5-03
Hiroshima Shudo Univ.

1974年　日建設計
広島市安佐南区大塚東1-1-1
見学可（平日9:00〜16:00）内部撮影は要許可

郊外の丘陵地に位置する大学キャンパス。外観はあくまで平滑でシンプル、合理的な平面計画から生じるモダニズム建築本来の美が表現されている。建築の隙間や高低差の処理などもデザインの一部となっている。

TRAM アストラムライン「広域公園前」　**BUS** 広電バス五月が丘・免許センター方面行き「広島修道大学キャンパス」

安佐南区スポーツセンター　5-04
Asaminami-ku Sports Center

1985年　日建設計
広島市安佐南区沼田町大字伴4720-1
見学可（7〜9月8:30〜21:30　10〜6月9:00〜21:00）火曜休
プール撮影禁止（プール以外は要問い合わせ）

丘陵地に建つ体育館およびプール施設で、2つの巨大なボールト屋根で構成される。屋根は1枚ではなく、そのフォルムはタービン機関のようであり、宇宙船のようでもある。プールについては内部空間も見ごたえがある。

TRAM アストラムライン「伴」

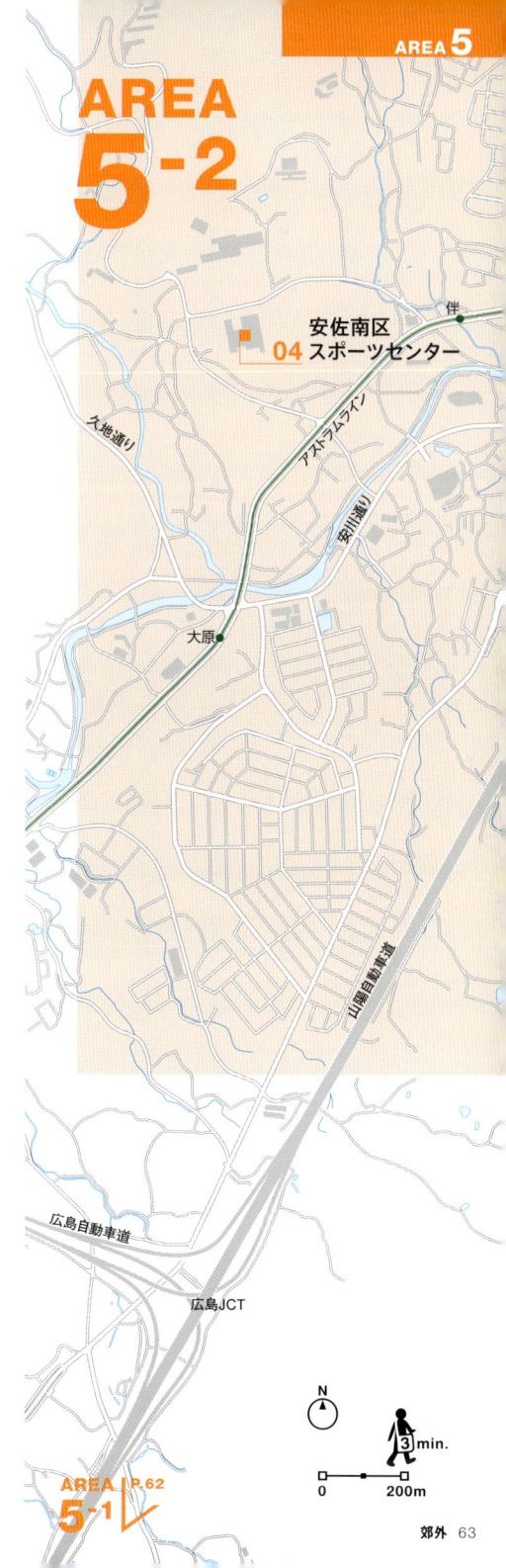

AREA 5
AREA 5-2

安佐南区スポーツセンター　04

大原

広島自動車道

広島JCT

AREA 5-1　P.62

AREA 6

太田川漁業協同組合事務所／旧亀山水力発電所　6-01

Former Kameyama Water Power Plant
1912年　不詳
広島市安佐北区可部町大字今井田
見学可（平日8:30～17:00）内部撮影可

広島電燈会社が太田川に建設した初の水力発電所。当初は向かって右側が発電室、事務室を挟んで左が変電室だった。1972年の水害時に発電所機能が停止し、現在は事務所となっているが、歴史的価値の高い近代化遺産といえる。

BUS 可部駅前から広交バス宇津経由安佐営業所（飯室）行きに乗車し「発電所前」下車。本数が少ないので注意。

AREA 6

福王寺
Fukuo-ji Temple

6-02

金堂：1982年　山門：16世紀　不詳
広島市安佐北区可部町大字綾ケ谷
外観のみ見学可（10:00～16:00）拝観無料

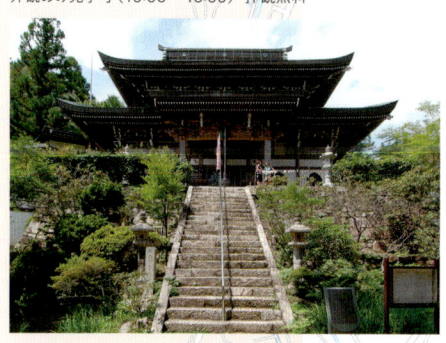

可部の町を見下ろす山頂に建つ真言宗の古刹。山門が最も古く桃山時代の建立、本堂は落雷で焼失し1980年代の再建とされる。各所にかつての寺勢の面影を残す。訪問するには駐車場から山道を歩く必要があるので注意。

BUS 広交バス勝木方面行き「福王寺口」から徒歩60分。車の場合は最寄り駐車場から徒歩15分。急な階段あり。

プラスC
plus C

6-03

1998年　窪田建築アトリエ（窪田勝文）
広島市安佐北区可部3-32-16
店舗部分のみ見学可（10:30～19:00　火曜・第3水曜休）

旧道と広幅員道路の交差点に建つ店舗併用住宅。街並みの切れ目にあたり、道路に沿った細長い敷地であるため、町家型のフォルムではなく、あえて透明な箱が選ばれた。街に開かれたポケットパークも設けられている。

TRAIN JR「可部」　**BUS** 広交バス勝木方面行き「可部中央」

可部の街並み
Kabe Neighborhood

6-04

江戸時代以降　－
広島市安佐北区可部
－

可部駅の北側に残る古い街並み。この地は古くから瀬戸内海地域と山陰との物流拠点として繁栄し、町家や醸造所などの建築群が残るほか、枡形（見通しを悪くする鍵型の街路）も見られる。交通量が多いので散策には注意したい。

TRAIN JR「可部」　**BUS** 広交バス勝木方面行き「可部中央」

郊外

AREA 7

海田の街並み　7-01
Kaita Neighborhood

江戸時代以降　−
安芸郡海田町上市、中店、稲荷町ほか
−

海田市駅の北側に広がる旧市街地。江戸時代、海田市宿は西国街道の宿場町として栄え、藩営の本陣である御茶屋が置かれた。現在でも旧街道沿いに江戸時代の町家が一部残っている。

TRAIN　JR「海田市」

MINI COLUMN 4
西国街道

　江戸時代の広島藩を東西に貫いていた西国街道（中国街道、旧山陽道）は、五街道に次ぐ重要な幹線道路であった。広島近郊には玖波、廿日市、草津、海田市、一貫田、四日市といった宿場町があり、参勤交代や庶民の旅行に利用されていた。広島城下に明確な宿場はなかったようだが、愛宕や堺町には旅籠が建ち並んだという。また堺町からは出雲石見街道（雲石路）が分岐し、横川橋を通って古市、可部へと伸びていた。

　広島の道路網は戦災復興の過程で大きく変わったが、旧街道は大部分が残っている。当時の道筋をたどりながら、一里塚や街道松の跡、わずかに残る町家建築に出会うのも楽しい。

広島市立矢野南小学校 8-01

Hiroshima Municipal Yanominami Elementary School

1998年　象設計集団
広島市安芸区矢野南4-17-1
非公開

矢野ニュータウンに新設された小学校。自由で地域性を意識したデザインが特徴。通常は教室の北側に置かれる廊下を南側の屋外に配し、靴箱や手洗い場も教室ごとに分散配置することで、児童が教室から校庭に出やすくなるよう配慮している。また、建具や家具の大半を木製とし中庭にはレンガを多用するなど、自然素材の経年変化を前提としたデザインがなされており、コンクリートでありながらも古い木造校舎に似た風格を醸しだしている。建物の緑化も徹底しており、屋上には水田や観察池が配され課外学習にも利用されている。独特のうねったフォルムは、段々畑や戸建て住宅地など周辺の地形と呼応させたもの。

BUS 矢野駅から広電バス矢野ニュータウン経由熊野方面行きに乗車し「矢野ニュータウン中」下車

AREA 8

MINI COLUMN 5

▎広島の路面電車

　広島の街をめぐるのに路面電車は欠かせない。広島の路面電車は広島電鉄（広電）による民営で、日本一の路線網と100年の歴史を持っている。

　開業は1912年。広電の前身である廣島電気軌道（株）が大阪財界の出資で設立され、敷設用地は広島城外堀や西塔川（現在の鯉城通り）の埋め立てでまかなわれた。当初の路線は広島駅〜紙屋町〜御幸橋、八丁堀〜白島のみだったが、徐々に延伸され、1922年には宮島線が開業、さらに戦時中には軍需輸送のため皆実線や江波線が開業した。

　被爆時には人員・車両とも甚大な損害を受けたが、懸命の復旧作業によりわずか3日後に一部区間（己斐＊〜天満町）で運転を再開したという逸話が残っている。戦災復興期には道路拡幅に対応してレールを敷き直し、徐々に現在の路線が形作られていった。

　1960年代に入ると自動車の増加で渋滞が激しくなり、全国各地で路面電車の廃止が相次いだ。自動車が軌道敷に入ることで電車の定時運行ができなくなり、広電も一時は存亡の危機に立たされたが、警察当局が自動車の軌道敷内進入を禁止して電車優先信号を設置したことで事態は好転。広電の側も、市内線と宮島線の直通運転によって利便性を高め、廃止された他都市の車両を受け入れて経費を削減するなど経営努力を続け、逆風の時代を辛うじて生き延びることができた。

　近年は路面電車の復権が世界的に進んでおり、広電でも新型低床車両の導入や電停施設の改良など、ヨーロッパを手本とした様々な取り組みを行っている。速度や混雑など課題は多いが、人口の高齢化や都市のコンパクト化という時代の潮流にも合う路面電車は、さらなる可能性を秘めた乗り物と言えるだろう。

＊現在の西広島

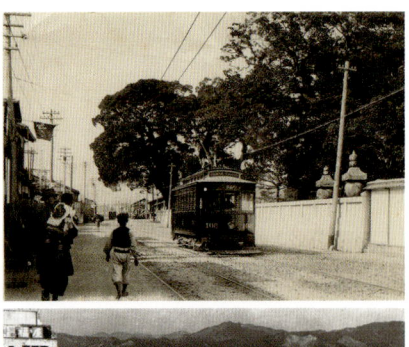

左：目抜き通りを走る新型低床車　右上：西塔川跡の袋町電停　右下：拡幅途上の八丁堀（1953年）写真提供：広島市公文書館

AREA 9 宮島

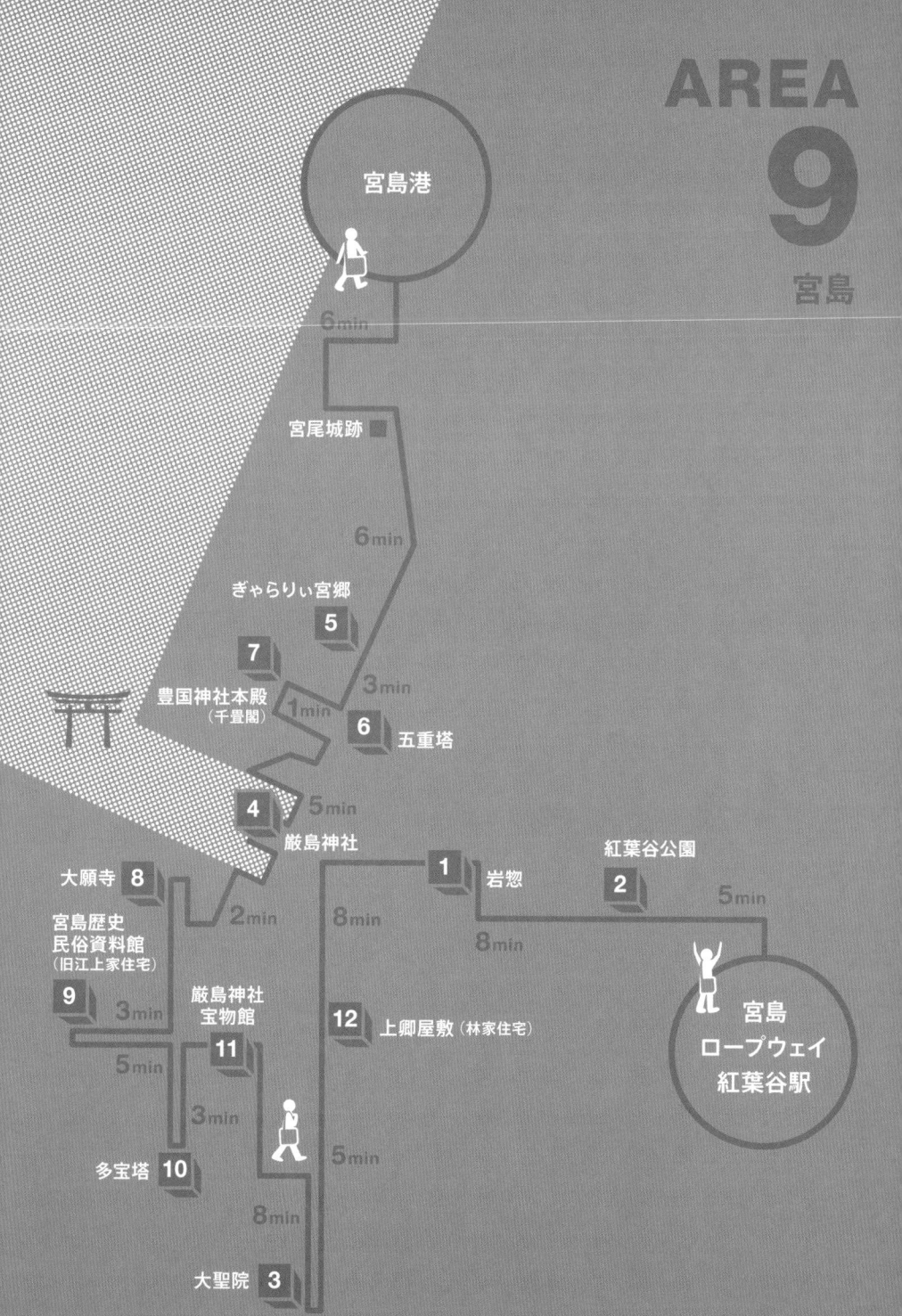

- 宮島港
- 6min
- 宮尾城跡
- 6min
- ぎゃらりぃ宮郷 **5**
- **7**
- 豊国神社本殿（千畳閣）
- 3min
- **6** 五重塔
- 1min
- 5min
- **4**
- 厳島神社
- **1** 岩惣
- **2** 紅葉谷公園
- 5min
- 8min
- 8min
- 大願寺 **8**
- 宮島歴史民俗資料館（旧江上家住宅）
- 2min
- 宮島ロープウェイ紅葉谷駅
- **9**
- 3min
- 厳島神社宝物館
- **11**
- **12** 上卿屋敷（林家住宅）
- 5min
- 3min
- 多宝塔 **10**
- 5min
- 8min
- 大聖院 **3**

AREA 9-1

阿品

JR山陽本線
広電宮島線

競艇場前(臨時)

JR宮島口駅
広電宮島口

宮島行きフェリー乗り場

宮島口—宮島

平和記念公園—宮島

広島—宮島

宮島口行きフェリー
平和記念公園行き旅客船
広島(宇品)行き旅客船乗り場

宮島港

宮島フェリーターミナル

胡町
港町
宮尾城跡

魚之棚町

AREA 9-2
P.74

大鳥居
05
07 06
08 04
09   01 岩惣
10 久保町
南大西町 12
        中江町 紅葉谷
        紅葉谷公園 02

大聖院 03

宮島ロープウェイ

N
0 200m
3 min.

70 ■ 掲載建築 ■ その他の建築 — おすすめまち歩きコース ● 電停(広電・アストラムライン)

AREA 9

岩惣
Iwaso 9-01

1892年（主屋）不詳
廿日市市宮島町345-1
見学可（10:00〜18:00 チェックイン・アウト時は状況により不可）
内部撮影一部可

にぎわいから離れた宮島の奥座敷、紅葉谷に建つ旅館で、開業以来内外の著名人が投宿してきた。また、もみじ饅頭の開発を主導するなど、観光地宮島を牽引する老舗。渓流や木々と一体化した離れが特に有名。

紅葉谷公園
Momijidani Park 9-02

1950年　史蹟名勝厳島災害復旧工事委員会
廿日市市宮島町
ー

終戦直後の台風で生じた土石流災害からの復興事業。石材は全て島内のものを野面(のづら)のまま使う、樹木は切らないなどの方針に基づき、渓流を中心とする広大な庭園へと生まれ変わった。紅葉の名所としても知られる。

大聖院
Daishoin Temple 9-03

仁王門：1939年　観音堂：1932年
廿日市市宮島町滝町210
外観のみ見学可（8:00〜17:00）拝観無料

滝小路(たきのこうじ)の先、弥山登山道に沿って建つ真言宗の寺院。806年に空海が開いたという。神仏習合が一般的であった江戸時代には厳島神社の別当寺として祭祀を担っており、また山岳信仰とも関わりをもつ。明治天皇の厳島行幸の際に行在所となるなど、皇室との縁も深い。

　往時の建築群は明治期の火災で大半が失われており、現在残る建物の多くは昭和期の再建であるが、いずれも水準は高く見ごたえがある。木鼻*や虹梁に施された獏、獅子、龍などの装飾性の高い彫刻に、ボリューム感のある組物が加わるさまはみごと。

宮島　71

厳島神社
Itsukushima Shrine

9-04

本社拝殿：1241年　本社本殿：1571年　回廊：16世紀後期　大鳥居：1875年　不詳
廿日市市宮島町1-1
入場6:30〜18:00（冬期17:00まで）拝観料300円

■ 平清盛による造営

厳島の元の名は「いつきしま」、すなわち神を斎き祀る島という意味であり、古来より信仰を集める島として知られていた。

　現在見ることができる壮麗な建築群は主に平清盛によって造営された*。若き日を安芸守として過ごした清盛は厳島への信仰が篤く、平家の隆盛とともに社殿も巨大化した。平安貴族の邸宅様式である寝殿造を応用した史上最大規模の社殿であり、しかも海上に建てた独創性は特筆に値する。回廊は参詣路であるだけでなく、歩きながら海や社殿の景が動的に変化するシークエンスを楽しむための装置ともなっており、清盛が武士出身でありながら卓越した美的素養の持ち主だったことをうかがわせる。

*厳密には平安時代の建築は現存しない。

■ なぜ海上にあるのか

海上に建てた理由については、御神体である島には手を加えず入江に建てた、あるいは現世の極楽浄土を表現すべく人工的に入江を造成して建てたなどの説がある。貴族の邸宅に通常配される池とこの入江とが清盛の中で結びつき、海上建築の発想が生まれたのだろう。

■ 平安の建築美

現存する建築群は鎌倉〜江戸時代の再建であるが、当初のデザインに忠実に再現されており、平安時代の建築美を今に伝える貴重な事例となっている。ディテール鑑賞のポイントは、独特

な曲線美が印象的な檜皮葺の屋根、装飾の少ない中でアクセントとなっている蟇股※(かえるまた)、祓殿の折上格天井※(おりあげごうてんじょう)など。なお、能舞台や天神社など様相の異なる建物は、いずれも後世に追加されたものである。

■ 防災と美の両立
海上という厳しい立地でありながら、御神体を祀る本殿を自然災害から守り、しかも美しくなければならない。厳島神社の建築計画はこの難問に見事にこたえている。例えば高潮対策について、現代では味気ない堤防や敷地のかさ上げにより景観を犠牲にしてしまうが、厳島神社では回廊などを計画的に水没させつつ*、玉殿は高水位より上に配して守る対策が施されている。造営以来幾度も高潮・暴風・土石流に襲われながらも、御神体が危険にさらされたことはないという。自然に無理に逆らわず徹底的に読み解き、決して美を犠牲にしない姿勢は大災害の時代に大いに学ぶべきであろう。

* 社殿の浮き上がり防止のため回廊の床板には隙間がある。

AREA 9-2 拡大図

地図内ラベル:
- 大鳥居
- 豊国神社本殿（千畳閣）07
- ぎゃらりぃ宮郷 05
- 06 五重塔
- 荒胡子神社
- 清盛神社
- 三翁神社
- 04 厳島神社
- 大願寺 08
- 護摩堂
- 宮島水族館
- 宮島歴史民俗資料館（旧江上家住宅）09
- 久保町
- 南大西町
- 11 厳島神社宝物館
- 10 多宝塔
- 12 上卿屋敷（林家住宅）

凡例:
- 掲載建築
- その他の建築
- おすすめまち歩きコース

1.5 min. / 0 — 100m

ぎゃらりぃ宮郷　9-05
Gallery Miyazato

18世紀（改修：2003年）福島俊を建築設計室（改修）
廿日市市宮島町幸町東表476
入館10:00〜18:30（12月は10:00〜18:00）水曜休

かつての目抜き通りに沿って建つ町家のリノベーション。江戸時代の杓子問屋を、カフェやアンティークショップ、ギャラリーに改装した。杓子を装飾的に使うなどディテールのデザインも巧み。散策ついでに立ち寄りたい。

五重塔　9-06
Five-story pagoda

1407年　不詳
廿日市市宮島町1-1
外観のみ見学可

室町時代に建立された塔。大きく反った屋根や渦巻き模様の木鼻°は唐様°、平行垂木°は和様°の特徴であり、双方をあわせもつ。この地は塔の岡といい、厳島合戦時には宮尾城（要害山）を包囲する陶軍が本陣を置いた。

豊国神社本殿（千畳閣） 9-07
Toyokuni Shrine (Senjokaku)

1598年に中断　不詳
廿日市市宮島町1-1
入場9:00～16:00（季節変動あり）拝観料100円

　桃山時代の大建築。豊臣秀吉の命により戦没者を供養する経堂として建設が始まったが、秀吉の死により工事は中断され、未完成のまま現在に至る。江戸時代は仏教施設として使用され、明治になると神仏分離令に対応するため仏像を大願寺に移して厳島神社の末社となった。

　本作の特徴は、まずその大きさにある。柱・梁の材や石垣、厳島神社回廊から移されたという絵馬に至るまで巨大で迫力がある。また屋根には金箔瓦が使われ*、華やかな桃山文化の一端を感じさせる。一方、未完成ゆえに装飾類は少なく、荒削りな印象も強い。壮麗さと素朴さの微妙なバランスこそがこの建築の魅力といえる。
*現在の瓦は後世の修復時に復元されたもの。

大願寺 9-08
Daigan-ji Temple

桜門：18世紀　本堂：1815年　不詳
廿日市市宮島町3
外観のみ見学可（8:30～17:00）拝観無料

　厳島神社に接して建つ古刹。江戸時代までは神仏習合のもとで厳島神社の本願職として多くの寺社をとりしきる有力寺院であった。現在は本堂や山門のみを残すが、かつては千畳閣（大経堂）までが広く境内であったという。

宮島歴史民俗資料館（旧江上家住宅） 9-09
Museum of History and Folklore of Miyajima

19世紀中頃　不詳
廿日市市宮島町57
入館8:30～16:30　入館料500円

　厳島神社から宮島水族館（みやじマリン）に向かう道中に建つ、豪商の旧邸宅を活用した資料館。宮島に残る町家建築の一つで、かつては醤油醸造を営んでいたという。軒を支える持送り板*、庭園を雁行*配置で囲む座敷など、見どころは多い。

多宝塔 9-10
Pagoda

1523年　不詳
廿日市市宮島町 1-1
外観のみ見学可

厳島神社西側の丘に建つ塔。意匠は和様*を基調としつつ唐様*の要素も入る。一層目は方形、二層目は円形だが屋根はいずれも方形とされ、組物で巧みに支えている。当初は仏教施設だったが神仏分離令を経て厳島神社所属となった。

厳島神社宝物館 9-11
Museum of Itsukushima Shrine

1934年　大江新太郎
廿日市市宮島町 1-1
入館 8:00～17:00　入館料 300円

厳島神社に奉納された宝物を展示する施設。近代和風建築としては保守的なデザインで、木造建築のフォルムを忠実にコンクリートに置き換えている。木造とRCの双方で経験豊富な大江ならではの仕事。

上卿屋敷（林家住宅） 9-12
Shinto Priest Residence

1703年　不詳
廿日市市宮島町滝町 235
見学可（日曜のみ）要予約　入場料 300円

神職の住宅地である滝小路（たきのこうじ）に建つ。上卿（しょうけい）とは朝廷からの勅使の代理であり、門構えからも格の高さがうかがえる。江戸時代の神職の住まいは全国的に数が少なく貴重。今なお住居として使用され、往時のたたずまいをとどめる。

資料編

まち歩きに役立つ
広島 都市と建築の歴史

人名解説

用語解説

INDEX
（建築、人名、用語）

交通案内

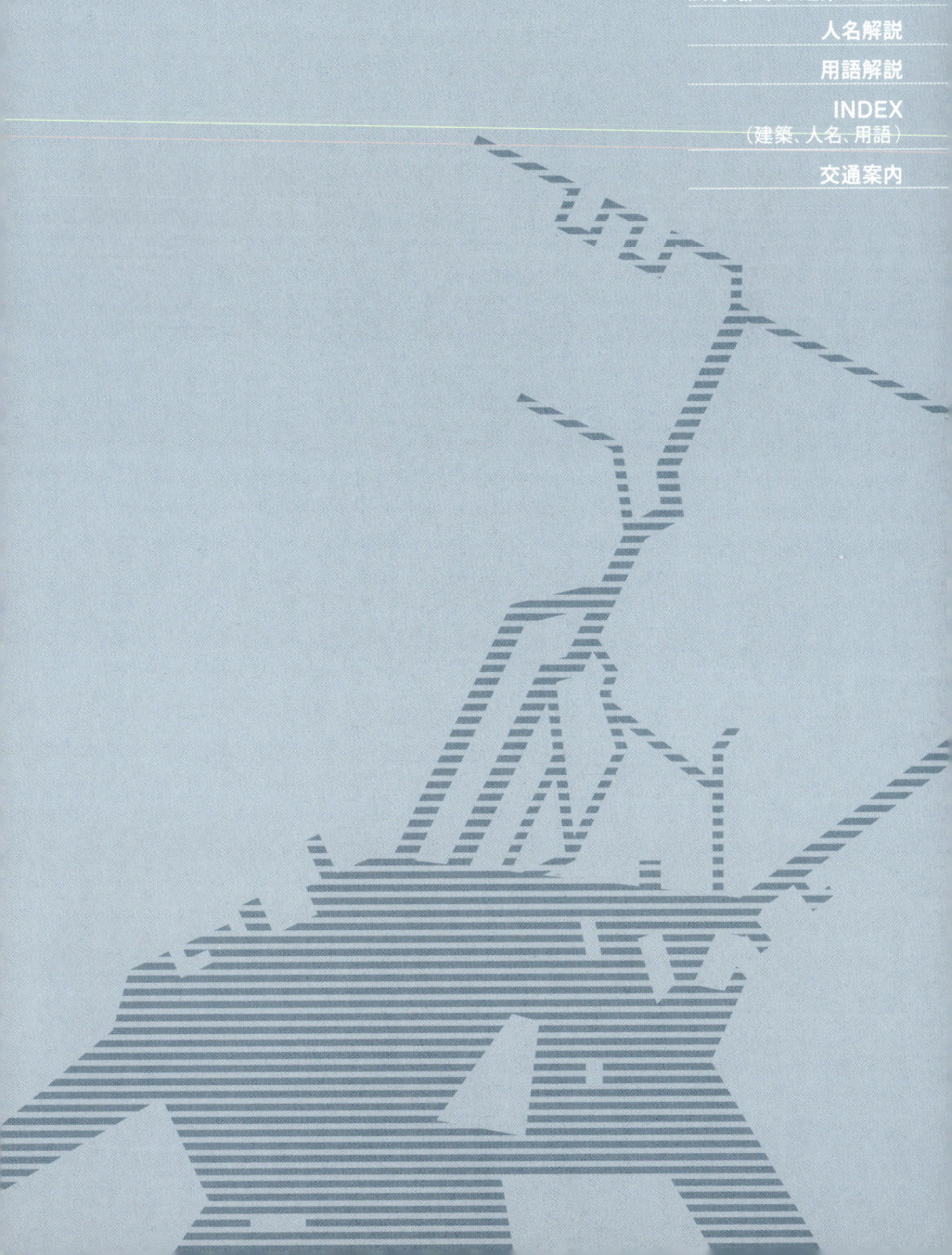

まち歩きに役立つ　広島 都市と建築の歴史

都市の建設　1
桃山〜江戸期

　広島は太田川河口のデルタ（三角州）に形成された城下町である。当初は砂地に小集落があるだけの寒村であり、江波・仁保・宇品は遠浅の海に浮かぶ島だった。

　16世紀末に戦国時代が終焉を迎えると、それまで防衛に適した山間部にあった城下町が経済活動に適した平野部へ移転するケースが増えていく。中国地方を領した毛利氏もその例外ではなく、内陸の吉田（安芸高田市）から河口のデルタへ本拠地を移転させ、それまで五箇と呼ばれていたこの地を広島と命名した。その名の由来は、最も広い砂州を選んで築城した、毛利氏の始祖にして鎌倉幕府重臣である大江広元から"広"の字をとったなど、諸説がある。

　築城は1591年に開始され、軟弱地盤や洪水に悩まされつつも1599年に一応の完成をみた。しかし毛利氏は翌年の関ヶ原の戦いに敗れて長州へ転封となり、志なかばで広島を去った。毛利氏と交代して広島に入った福島氏は城郭を完成させ、西国街道を城下に付け替えて町人街を発展させるなど広島発展の礎を築いた。しかし城の無断修理の責を問われ転封となり、代わって藩主となった浅野氏が幕末まで広島を統治することになった。

広島城天守閣（復元）

　不動院金堂は広島城築城と同時期の建物であり、奇跡的に戦災を免れ現存している。これは16世紀に毛利氏の外交僧としても活動した恵瓊（えけい）が山口から移築したもので、往時の建築文化の一端をうかがわせる。

不動院金堂

　毛利氏、福島氏とも豊臣秀吉との関係が深かったためか、広島城のデザインは聚楽第（じゅらくだい）[註1]を手本とし、城下町の街路は大坂に倣った碁盤の目状のものとなった。当時の広島城は現在の相生通りから城北通りまでを占める大規模なもので[註2]、その周辺には武家屋敷が建ち並んでいた。町人街は主に街道沿いに形成され、西国街道と出雲街道の分岐点である堺町、猫屋町から中島町（現在の平和記念公園）を経て本通りにかけてが江戸時代の中心地に相当する。築城時の海岸線は現在の平和大通り周辺にあったが、浅野氏時代には埋め立てが活発に行われ、市街地は南へと拡大していった。

白神社（しらかみしゃ）は海岸に建つ神社だった

　水辺の様子も現在とはかなり異なる。江戸

時代の広島には天然の河川に加えて西塔川（現在の鯉城通り）と平田屋川（現在の並木通り）という運河があり、物流に大きな役割を果たした[註3]。広島城外堀と平田屋川の結節点（現在の福屋八丁堀店の西側）は「中の棚」と呼ばれ、魚市場が置かれていた。他にも「鷹野橋」「流川」「薬研堀」など、今はなき水辺を感じさせる地名が多く残されている。

　また、町人街に近い本川や元安川の河岸には多くの雁木が設けられ、瀬戸内海から来航する海船だけでなく太田川を下ってきた河舟も多く停泊し活況を呈した。雁木とは潮の干満に関係なく接岸できるよう階段状に作られた船着場であり、本川橋[註4]西詰の雁木では舟つなぎ石などが修復され、江戸時代の水辺の様子を体感できる。

本川橋西詰の雁木

　橋については防衛上の理由からひとつの川に原則一か所とされ、市民生活の不便を補うため多くの渡し舟があった。川と同名の橋（猿猴橋、京橋、元安橋、本川橋、天満橋）は江戸時代からあった橋を受け継ぐものであり、それらをつないでいくと旧西国街道のラインが見えてくる。

[註]
1　豊臣秀吉が京都に建てた大邸宅。短期間のうちに解体され現存しない。
2　広島城の東端には京口門という城門があったが、現在ではバス停の名前として残るのみ。
3　広島で舟運が発達した理由としては、河口部に形成された都市ということのほかに、荷車の使用が禁じられていたことも挙げられる。
4　当時の本川橋は、周辺の豪商の名をとり猫屋橋と呼ばれていた。

都市の近代化　2
明治〜昭和期

　明治維新以降、立ち後れていた広島の近代化は宇品築港とともに始まる。県令として広島に赴任した千田貞暁は、都市の発展のためには大型船が寄港できる近代港湾が必要と考え、宇品の築港と干拓を推進した。設計はオランダ人技師ムルデルが担い、当時の新技術である人造石を全面的に採用する先進的な事業であり、士族に職を与える側面もあった。建設工事は自然災害や予算超過、反対運動などに悩まされつつ、1889年に完成した。

旧大本営跡（広島城本丸）

帝国議会仮議事堂　写真提供：広島市公文書館

　完成当初の宇品港は道路建設の遅れもあって十分に活用されず、無用の長物と揶揄されたが、直後の1894年に日清戦争が勃発すると状況は一変する。明治政府は、戦地に近く港湾と鉄道が整備済み[註1]であった広島を戦争遂行の拠点と定め、広島城に総司令部である大本営を設置した。明治天皇や政府要人も続々と広島に入り、

資料編　79

城内の練兵場[註2]には広島初の大建築となる帝国議会仮議事堂が妻木頼黄（つまきよりなか）の設計で建設され、首都機能は一時的に東京から広島に移転した。

宇品港は戦地へ向かう基地としてにわかに活気を帯び、全国から集まる兵隊や物資に対応するため広島駅から宇品港への鉄道が突貫工事で敷設された。日本一長いとされた宇品駅プラットホームなどの鉄道施設は現存しないが、陸軍が使用していた旧宇品港の石積み桟橋は宇品波止場公園の護岸として現存する。

旧陸軍桟橋

戦略上の要地となった広島には日清戦争後も軍需工場の建設が相次いだ。兵器支廠（広島大学医学資料館として一部復元）、糧秣支廠（一部が広島市郷土資料館として現存）、被服支廠（倉庫群が現存）はその象徴といえる。多くの民間企業も軍需によって成長し、広島は急速に軍都の性格を強めていく。

旧陸軍被服支廠倉庫

都市の発展とともに基盤整備も進んだ。1898年には近代水道が軍用として建設され、これが民需向けに開放されたことで衛生状態が大幅に改善した。1912年には運河や堀を埋め立てて路面電車が開通。相生通りから北側の旧広島城は陸軍用地となっていたため、当時の紙屋町交差点は十字ではなく丁字を描いていた。西塔川を埋め立てて整備された鯉城通りの沿道には芸備銀行（現広島銀行）本店などの銀行建築が並び金融街を形成した。繁華街の中心は徐々に東へ移り、本通りから新天地にかけて華やかな建築文化の花が開いた。また、関東大震災を契機に広島でも徐々にRC造の建築が建てられるようになり、現存するものとしては旧大正屋呉服店、福屋百貨店、旧日本銀行広島支店などがある。現在の原爆ドームは広島県物産陳列館（後に産業奨励館へ改称）として建てられたもので、戦争を契機に発達した県内産業の振興を目的とし、販促活動や品評会、各種展覧会などの催事が行われていた。

上：紙屋町交差点　中：新天地の賑わい　下：広島県産業奨励館
写真提供：広島市公文書館

都市の発展に合わせて水辺空間も変容した。運河や堀の埋め立てが進み、大きな川では水際まで建物が建ち並ぶようになった [註3]。京橋周辺に今も残る雁木は、川沿いの建物のプライベートな裏口として明治以降に設けられたものである。また、横川の「楠木の大雁木」は明治期に拡張されたもので、鉄道の支線も敷設されるなど重要な物流拠点となっていた。しかし、市内に橋が増えるにつれて船の航行は難しくなり、昭和10年代に入ると市内の舟運は終焉を迎えた。

京橋周辺の雁木

楠木の大雁木

[註]
1　山陽鉄道の1894年時点での終点は広島であり、東京から鉄道移動が可能な最西端となっていた。
2　広島には東西二か所の練兵場があり、東練兵場は現在の広島駅北口の一帯、西練兵場は現在の基町クレドや県庁あたりにあった。帝国議会仮議事堂が建てられたのは西練兵場である。
3　江戸時代は川沿いに建物を建てることが禁じられていたため雁木は公共性の高いものであったが、川沿いの建築制限が緩む明治以降は水際に建物が並ぶようになり、個人所有の雁木も増加した。

戦災からの復興　3
戦後～高度成長期

　1945年、広島の市街地は人類史上初の核攻撃を受け壊滅した。翌年には復興都市計画が作成されたが、市民生活そのものが非常に困難な状況にあり、自治体の財政状況も極端に悪化していたため復興事業に着手できる見込みは立たなかった。この事態を打開するため、広島市のみを対象に旧軍用地が譲与され、また国の財政支援を可能とする特別法である広島平和記念都市建設法が制定された。同法に基づき、1952年に広島平和記念都市建設計画が策定されることで、ようやく復興が動き始める。以後、旧軍用地を転用した中央公園や官庁街、平和記念公園、河岸緑地、各種道路や公園、そして中心部全域に及ぶ大規模な区画整理が実施され、現代都市としての体裁が整っていった [註1]。

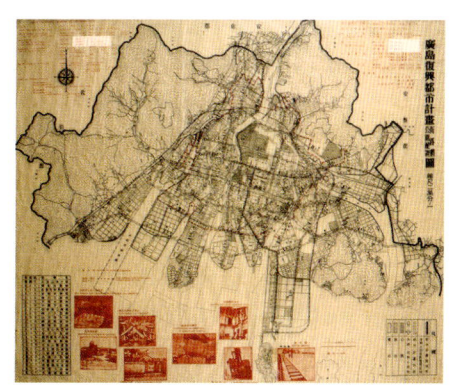

戦災復興都市計画　写真提供：広島市公文書館

　都市計画の大きな柱として、平和記念公園、平和大通り、河岸緑地の3つが挙げられる。
　平和記念公園は、江戸時代以来の歴史ある繁華街である中島町一帯を公園へと再生したもので、復興の目玉となる記念施設である。設計を担った建築家、丹下健三は平和大通りと直行し原爆ドームへと伸びる軸線をデザインしたが、これは単なる公園計画という枠を超え、広島全体に明確な中心軸をもたらすものであった。

1958年の平和記念公園　写真提供：広島市公文書館

　平和大通りは戦時中の建物疎開で生じた空地などを利用して建設され、100mもの幅員をもつ。当初は道路というより防火帯としての役割を期待されており、建設反対論も根強かったが、現在ではフラワーフェスティバルなどのイベントに活用されており、大都市広島に欠かせないシンボルロードとなっている。

1968年の平和大通り　写真提供：広島市公文書館

現在の平和大通り

　河岸緑地とは文字通り川沿いにグリーンベルトを設けたもので、他の都市にはあまり見られない広島独自の施設である。河岸にびっしりと建物が建ち並ぶようになったのは明治以降であることを考えると、河岸緑地の建設は、近代化の過程で失われていた開放的な河川空間を回復する試みともいえる。

河岸緑地の様子

　建築活動については、中心部にあったほぼ全ての木造建築が戦災で失われ、RC造であっても躯体以外は全焼という状況であり、まさにゼロからのスタートとなった。それだけに、戦後初の本格的なコンペが実施された世界平和記念聖堂や平和記念資料館は全国的な注目を集めた。いずれも日本の戦災復興期を代表する名建築として広く知られており、2006年には戦後の建築として初となる重要文化財にそろって指定されている。

世界平和記念聖堂

現代都市の成熟 ④
高度成長期〜現代

高度経済成長期を迎えた広島は、戦災復興の進展や人口流入により、高層建築が建ち並ぶ大都市へと変貌していった。経済成長やモータリゼーションに伴って都市は膨張を続け、郊外開発が活発化した。代表的なものは商工センター、鈴が峰団地、高陽ニュータウン、西風新都であるが、丘陵地を切り開き海を埋め立てる動きはいたるところで見られた。また、周辺町村の吸収合併も活発となり、1980年には政令指定都市へ移行、人口100万人超を抱える中四国地方の中核都市となった。

平和記念資料館

また、1949〜50年に竣工した市営平和アパートにも注目したい。これは戦後初のRC造公営住宅である高輪アパート（東京）に続くものであり、全国的に見ても非常に早く、当時の広島では施工にも多大な困難を伴うものであった。

そして、復興の総仕上げとなったのが「基町・長寿園高層アパート」として知られる基町地区再開発である。旧軍用地に広がっていた応急的な木造低層住宅から高層アパートへの建て替えが住宅改良事業として実施され、あわせて中央公園が整備された。1978年に事業完了している。

高陽ニュータウン

これら成長と拡大のピークといえるのが1994年のアジア大会開催であり、A. CITY、アストラムラインや基町クレド、少し遅れてシャレオなどが続々と完成した。21世紀に入ると大型プロジェクトは減少し、都市は成長から成熟へと向かっている。

建築分野では、広島市が1995年にスタートさせた「ひろしま2045ピース＆クリエイト[註1]」が大きなインパクトをもたらした。これは被爆100周年にあたる2045年を目標に、市内に良質な公共施設を整備すべく、建築、土木、ランドスケープなどの分野の優れた設計者を選定・起用するもので、西消防署、環境局中工場、矢野南小学校、基町高等学校、安佐南区総合福祉センターは同プロジェクトにより実現した。また、広島を

基町高層アパートと中央公園

[註]
1 道路や公園の建設、区画整理などの都市計画事業は戦前から計画されていたが、戦時体制に入ると停滞を余儀なくされ、建物疎開（爆撃に備えた家屋の取り壊し）が細々と行われるという状態にあった。

活動基盤とする建築家も多く、住宅建築を中心に盛り上がりをみせている。

河川に限らず、道路、公園、橋梁、各種サインなど、広島市中心部の公共デザインの水準は他都市と比べても高い。まち歩きの際には建築だけでなく、こういった公共デザインにも注目するようにしたい。

広島市環境局中工場

近年は被爆建築だけでなく復興期の建物の解体も相次いでいる。その一方で、少数ながらリノベーションによる活用もはかられるようになった。味わい深い経年建物を保存・活用する取り組みは、都市を美しく成熟させていくために重要な意味をもっている。

京橋川河岸緑地のオープンカフェ

被爆建築の活用（ソットスタッツィオーネ）

市内各所の雁木を利用した水上交通「雁木タクシー」

水辺については、1983年の太田川基町環境護岸を手始めに、各所にデザイン性の高い護岸や親水テラスが整備され、その魅力は大幅に向上した。また、河岸緑地を商業的に活用するオープンカフェや、市内に残る雁木を本来の用途である船着場として活用する「雁木タクシー」などは他に類のない先進的な試みであり、歴史のなかで育まれた河川空間に新たな価値が加えられている。

執筆：高田 真（アーキウォーク広島代表）

［註］
1 現在は「ひろしま2045：平和と創造のまち」に改称されている。

人名解説

凡例：ここでは、本文中に●印を付した建築家・造園家をアイウエオ順に取り上げ、生没年、出身地、所属、略歴、本書掲載建築以外の代表作品などを記した。

イサム・ノグチ
Isamu Noguchi, 1904–88

アメリカ合衆国ロサンゼルス生まれ。彫刻家、デザイナー。父は詩人の野口米次郎、母は作家のレオニー・ギルモア。幼少期を日本で過ごしたのち、単身渡米して医学部に進学するが、彫刻の道に転向。インテリアデザイン、絵画、舞台芸術、造園などにも才能を発揮した。代表作のモエレ沼公園（札幌市、設計）のほか、「Akariシリーズ」は和モダンに欠かせない照明として有名。

- 1-04　平和大橋・西平和大橋

大高正人
おおたか・まさと、1923–2010

福島県生まれ。建築家。東京大学大学院修了後、前川國男建築事務所に入所。1960年に川添登、黒川紀章らとともにメタボリズム・グループとして世界デザイン会議に参加し、社会の変化に合わせて有機的に成長する都市建築を提唱した。広島基町再開発をはじめ、新宿副都心、多摩ニュータウン、みなとみらい（横浜市）など、多くの都市計画に関わった。代表建築に群馬県立歴史博物館、神奈川県立美術館別館、坂出人工土地など。

- 1-13　市営基町高層アパート

黒川紀章
くろかわ・きしょう、1934–2007

愛知県生まれ。建築家。東京大学大学院在学中に設計事務所を設立。1960年に大高正人や槇文彦らとメタボリズム・グループとして世界デザイン会議に参加し、社会の変化に合わせて有機的に成長する都市建築を提唱した。代表作は、大阪万博東芝IHI館、中銀カプセルタワービルなど初期作品のほか、クアラルンプール国際空港、ゴッホ美術館新館（アムステルダム）、国立新美術館（東京）など多数。

- 1-01　広島平和記念資料館および平和記念公園
- 1-40　広島市現代美術館

重森三玲
しげもり・みれい、1896–1975

岡山県生まれ。作庭家、庭園史研究家。日本美術学校で日本画を学び、いけばな、茶道にも造詣を深め、勅使河原蒼風らと華道界の革新運動を起こした。その後、独学で庭園を学び、力強い石組みとモダンな苔の地割りを取り入れた枯山水庭園を手がけた。代表作に、京都の東福寺方丈庭園、光明院庭園、大徳寺山内瑞峯院庭園、松尾大社庭園など。

- 2-13　半べえ庭園

谷口吉生
たにぐち・よしお、1937–

東京都生まれ。建築家。慶應義塾大学卒業後、ハーバード大学建築学科大学院に学ぶ。丹下健三・都市・建築研究所を経て、谷口建築設計研究所設立。父は建築家の谷口吉郎。美術館や図書館などを多く手がけ、代表作に、資生堂アート・ハウス（静岡）、東京国立博物館・法隆寺宝物館、豊田市美術館、ニューヨーク近代美術館新館などがある。

- 2-04　広島市環境局中工場

丹下健三
たんげ・けんぞう、1913–2005

大阪府生まれ。建築家。旧制広島高校時代にル・コルビュジェに傾倒し、建築を志したとされる。東京帝国大学工学部建築学科卒業後、前川國男設計事務所に勤務。東大大学院修了後に東大で教鞭を執り、研究室からは大谷幸夫、磯崎新、浅田孝、沖種郎、谷口吉生、槇文彦、黒川紀章らが輩出した。主な作品として、東京カテドラル聖マリア大聖堂、東京オリンピック国立屋内総合競技場、山梨文化会館などがある。

- 1-01　広島平和記念資料館および平和記念公園
- 1-02　広島国際会議場
- 1-20　広島市文化交流会館
- 2-08　広島大学附属中・高等学校講堂

中根金作
なかね・きんさく、1917–95

静岡県生まれ。造園家・作庭家。東京高等造園学校（現・東京農業大学地球環境科学部造園科学科）卒業後、京都府文化財保護課長、大阪芸術大学教授、同学長などを歴任。1966年中根庭園研究所を開設。代表作の城南宮楽水苑（京都市）、足立美術館庭園（島根県安来市）、ボストン美術館天心園をはじめ、国内外で300近くの作庭を手がけた。

- 1-26　頼山陽史跡資料館

長野宇平治
ながの・うへいじ、1867–1937

越後国（新潟県）生まれ。建築家。帝国大学工科大学造家学科（現・東京大学工学部建築学科）卒業後、奈良県嘱託として奈良県庁を設計。その後、日本銀行技師となり工事顧問であった辰野金吾の下で、大阪、京都など日銀支店の設計に従事。独立後も銀行建築を数多く手がける。現存する建築に、日本銀行本店別館、広島支店、岡山支店、大倉山記念館、台湾総督府など。

- 1-24　広島アンデルセン
- 1-25　旧日本銀行広島支店

増田清
ますだ・きよし、1888–1977

福島県生まれ。建築家。東京帝国大学工科大学建築学科卒業後、安藤組、大阪府勤務を経て独立。大阪を拠点としつつ、広島市嘱託技師としても活動。各地で多くの鉄筋コンクリート建築を設計した。代表作に、大阪市立精華小学校、新世界国際劇場（大阪）などがある。

- 1-05　広島市平和記念公園レストハウス旧大正屋呉服店
- 1-19　本川小学校平和資料館

村上徹
むらかみ・とおる、1949–

愛媛県生まれ。建築家。広島工業大学工学部建築学科卒業後、内井昭蔵建築設計事務所勤務を経て、1976年、村上徹建築設計事務所を設立。広島工業大学教授。コンクリート打ち放しによる一連の住宅建築で知られる。代表作に、坂町のアトリエ、阿品の家、川尻小学校などがある。

- 1-38　比治山本町のアトリエ
- 3-10　安佐南区総合福祉センター
- 4-08　学校法人鶴学園なぎさ公園小学校

村野藤吾
むらの・とうご、1891–1984

佐賀県生まれ。建築家。早稲田大学理工学部建築学科卒業後、渡辺節事務所勤務を経て1929年、村野建築事務所を設立。モダニズムに様式性・装飾性を兼ね備えた独自の建築スタイルで知られる。日生劇場、大阪新歌舞伎座、宇部市渡部翁記念会館（重要文化財）のほか、都ホテル京都佳水園など数寄屋建築にも秀作を残した。

- 1-36　世界平和記念聖堂

山田守
やまだ・まもる、1894–1966

岐阜県生まれ。東京帝国大学工学部建築学科卒業後、逓信省に入省。電話局、郵便局、病院など、逓信建築と呼ばれる機能主義・合理主義の建築を数多く設計した。逓信省退官後の主な作品に、旧厚生年金病院、長沢浄水場、日本武道館などがある。

- 1-12　NTT 西日本十日市ビル
- 1-31　広島逓信病院旧外来棟

山本理顕
やまもと・りけん、1945–

中国北京生まれ。建築家。日本大学理工学部建築学科、東京藝術大学大学院に学ぶ。1973年、山本理顕設計工場設立。工学院大学教授、横浜国立大学大学院教授を歴任。代表作に、埼玉県立大学、横須賀美術館、福生市庁舎、横浜動物の森公園など。海外では、2012年に天津図書館、ソウル江南ハウジング、2016年にチューリヒ国際空港が完成予定。

- 1-10　広島市西消防署

ヤン・レツル
Jan Letzel, 1880–1925

ボヘミアの小都市ナホト生まれ。建築家。プラハで建築を学んだ後、1907年に来日。数々のホテルや学校校舎の設計を手がけた。伝統的な和風建築とセセッション風のデザインをともに取り入れた折衷的な建築スタイルが特徴。代表作に神戸のオリエンタルホテルや聖心女子学院、上智大学、宮島ホテルなどがあるが、戦争や災害で消失。

- 1-06　原爆ドーム旧広島県産業奨励館

ル・コルビュジェ
Le Corbusier, 1887–1965

フランク・ロイド・ライト、ミース・ファン・デル・ローエと並ぶ近代建築の巨匠。スイスに生まれ、美術学校で学んだ後、ウィーン、ベルリンで建築・工芸の新しい運動に触れ、パリでキュビスムの影響を受ける。1918年、画家としてデビューし、ピュリスム（純粋主義）運動を展開。1927年、ジュネーヴの国際連盟本部の設計コンペティションに当選して建築家として頭角をあらわす。代表的建築に、ヴィラ・サヴォア（ポワシー）、ユニテ・ダビタシオン（マルセイユ）、ロンシャンの礼拝堂などがある。唯一の国内作品である国立西洋美術館本館は国の重要文化財。

- 1-01　広島平和記念資料館および平和記念公園
- 1-13　市営基町高層アパート

■ 用語解説

凡例：ここでは、本文中に●印を付した用語をアイウエオ順に並べ、簡単な解説を加えた。

□ アウトフレーム型

マンションに用いられる工法のひとつで、柱や梁などのフレームを住戸の外面に設置。室内がコーナーまで使えるため、家具が配置しやすい。

- 1-32　アーバンビューグランドタワー

□ アトリウム

透明な屋根と大きな窓を備えた、屋内のオープンスペース。建物内に明るさと開放感をもたらすことから、博物館、植物園などの文化施設、ショッピングモールのような大型商業施設などに取り入れられている。

- 1-10　広島市西消防署
- 1-17　基町クレド

□ アール・デコ

1920–30年代に流行した様式で、1925年のパリ万博「現代装飾・産業美術国際博覧会（アール・デコ展）」以降、この名で呼ばれる。有機的な造形が主体のアール・ヌーボーとは異なり、科学技術を連想させる幾何学的な造形が特徴。建築、美術、服飾、絵画、映画など多分野に影響を及ぼした。日本では、アンリ・ラパン設計の東京都庭園美術館（旧・朝香宮邸）が代表的。

- 2-01　広島市江波山気象館　旧広島地方気象台

□ イオニア式

ドーリア式、コリント式とともに、古代ギリシア建築の列柱様式のひとつ。渦巻きの装飾が施された柱頭と礎盤に特徴がある。紀元前6世紀中頃、小アジアのイオニア地方で誕生したという説からこの名がある。

- 1-25　旧日本銀行広島支店

□ 折上格天井
（おりあげごうてんじょう）

日本建築の代表的な天井の形式のひとつ。格縁（ごうぶち）と呼ばれる太い木を縦横に組み、天井の中央部を一段高くしたもの。格式が高く、寺社建築や書院建築などに見られる。

- 9-04　厳島神社

□ 蟇股（かえるまた）

和様建築における構造材・装飾材のひとつで、カエルが脚を広げた形に似ているところからこの名がある。当初は一枚の板からなる構造材であったが、しだいに透かしや彫刻を施す装飾の場となった。時代により意匠が異なるため、古建築の創建年を判断する好材料となる。

- 9-04　厳島神社

□ 片持ち階段

片方のみが壁などの支持体に固定された階段。ビルの外階段や、吹き抜けの屋内などで見られる。屋内では手すりのないデザインも多い。片持ちはキャンティレバーとも呼ばれる。

- 1-11　広島医師会館
- 2-01　広島市江波山気象館　旧広島地方気象台

□ 唐様（禅宗様）

鎌倉時代後半に、禅宗とともに中国より伝えられた建築様式。鎌倉時代初期に伝えられた大仏様とともに、鎌倉新様式または宋様式と呼ぶ。急勾配の屋根、扇垂木、花頭窓などが特徴。禅宗寺院のみに用いられていたが、やがて他宗も含めた寺院建築の主流となった。代表的な建造物は善福院釈迦堂、功山寺仏殿など。

- 3-09　不動院
- 9-06　五重塔
- 9-10　多宝塔

□ 雁行

空を飛ぶ雁の列のようにずらしながら部屋を配置すること。全部屋が角部屋になるため、眺望・採光・通風に優れる。代表的な事例は桂離宮の配置計画。

- 9-09　宮島歴史民俗資料館（旧江上家住宅）

資料編　87

木鼻(きばな)

柱の間を横に貫く柱(頭貫(かしらぬき))や梁(虹梁(こうりょう))が柱から突き出た部分に施された装飾のこと。「木の端」が転じて「木鼻」になったとされる。彫刻の意匠には、植物、渦、獅子、象、獏などが用いられている。

- 9-03　大聖院
- 9-06　五重塔

近代化遺産

幕末から第二次世界大戦期までの間に建設され、日本の近代化に貢献した産業・交通・土木にかかわる建造物のこと。1990年に、全国で行われた「近代文化財総合調査」のため、文化庁が造語した。現在、工場、鉄道、トンネル、ダム、発電所など登録数は5000件を超える。

- 6-01　太田川漁業協同組合事務所
　　　　旧亀山水力発電所

サイン計画

道路や駅、観光地、公共建築などに、利用者を誘導・案内する掲示や標識(サイン)を整備する計画のこと。近年では、ユニバーサルデザインや、周囲の景観との調和なども重要な要素となっている。

- 1-17　基町クレド
- 1-21　シャレオ

セセッション(ウィーン分離派)

1897年にウィーンで画家のグスタフ・クリムトを中心に結成されたグループで、新しい造形芸術をめざし、絵画・彫刻・工芸・建築の分野から会員が集った。アール・ヌーボーとともにモダンデザインの先駆けのひとつといわれる。

- 1-06　原爆ドーム
　　　　旧広島県産業奨励館

ソビエトパレス(ソビエト宮殿)

ソビエト連邦時代にスターリンが計画した世界最大規模の建築物。ソ連共産党の党大会議場として利用される予定であったが、第二次世界大戦で建設が停止し、のちに解体された。1932年の設計コンペには、ル・コルビュジエ、グロピウスなど国外の建築家も参加した(ロシア人のボリス・イオファンらの案が当選し、コルビュジェは落選している)。

- 1-01　広島平和記念資料館および
　　　　平和記念公園

逓信建築

明治から昭和にかけて、逓信省営繕課技師が設計した郵便局、電話局の局舎や病院などの一連の建築物を指す通称。堅実な設計の中に、分離派やモダニズムなど、各時代の最先端のデザインを取り入れていた。本書で紹介している「NTT西日本十日市ビル(1-12)」、「広島逓信病院旧外来棟(1-31)」のほか、旧東京中央郵便局、旧京都中央電話局西陣分局などが代表的。

- 2-12　ソットスタッツィオーネ

ネオ・バロック[建築]

19世紀後半、フランスでナポレオン3世によるパリ改造計画(1853-70)を契機に興ったバロック建築様式の復興。厳格な左右対称、角型ドーム、マンサード屋根、付け柱などが特徴。パリのオペラ座が有名。

- 1-06　原爆ドーム
　　　　旧広島県産業奨励館

パサージュ

もとはフランス語で「通路」や「小道」などを表し、19世紀のパリで発達したアーケード街にさかのぼる。有名なパリのパサージュは、ガラス張りの屋根と舗装された道に最新流行品を扱う店舗が立ち並び、にぎわいをみせた。今日では、アーケードつきの商業スペースに「パサージュ」と名づけることも多い。

- 1-08　カジル横川

バジリカ

古代ローマにおいて法廷の講堂や市場に使用された広い長方形の建物を起源とし、キリスト教会建築の基本となる建築形式。中央に身廊、両側に側廊を持つのが一般的。側廊が左右両側にあれば「三廊式バジリカ」と呼ぶ。

- 1-36　世界平和記念聖堂

表現主義[建築]

20世紀初頭にドイツを中心に展開された芸術運動の一環として、ドイツ語圏や北欧で始まった。当時の新技術である鉄筋コンクリートを用いた、曲線を多用する彫塑的なデザインが特徴。エーリヒ・メンデルスゾーン設計のアインシュタイン塔(ポツダム)はこの様式のシンボル的建築。

- 2-01　広島市江波山気象館
　　　　旧広島地方気象台

ピロティ

一階が主に柱だけからなり、建物を地上から高い位置に置く形式。ル・コルビュジェらが提唱した「近代建築の五原則」のひとつで、ル・コルビュジェが設計した国立西洋美術館にも取り入れられた。

- 1-01　広島平和記念資料館および
　　　　平和記念公園
- 1-03　平和の門
- 1-13　市営基町高層アパート
- 1-14　広島市立基町高等学校

フライングバットレス

主に石造の大建築において、屋根の加重で外壁が崩壊しないよう斜めに掛け渡した飛梁。これにより高い天井や大きな窓が可能となり、明るく荘厳な内部空間を持つゴシック聖堂が生み出された。パリのノートルダム大聖堂やケルン大聖堂が代表的。

- 1-36　世界平和記念聖堂

平行垂木(へいこうたるき)

垂木とは屋根の骨組みの一部で、棟木から桁に向けて架け渡され、屋根の裏板を支える部材をいう。一般的に、和様建築では平行に配した平行垂木が、禅宗様建築では放射線状に配した扇垂木が用いられる。

- 9-06　五重塔

☐ **ボイド**

建物内部に意図的に配された何もない空間、空隙のこと。

- 1-10　広島市西消防署
- 1-37　東平塚のアトリエ

☐ **ポケットパーク**

「ベスト・ポケット・パーク（ベストのポケットのような小さな公園）」の略称で、街中に設けられた極小の公共スペースをいう。ニューヨークのペイリー公園（1967年）がその始まりといわれ、日本でも1980年代後半から都市計画に取り入れられた。ミニパーク、緑地、タウンスクエアなど、さまざまな呼び方がある。

- 6-03　プラスC

☐ **ボールト**

アーチを平行に押し出した形状の構造で、屋根や天井に多用される。大きな室内空間を確保できたため、古代ローマ時代から発達し、中世キリスト教の大聖堂において最盛期を迎えた。

- 2-07　放射線影響研究所
- 5-04　安佐南区スポーツセンター

☐ **メタボリズム**

1960年、東京で行われた世界デザイン会議に、菊竹清訓や黒川紀章らが「メタボリズム・グループ」として参加し、社会の変化に合わせて有機的に成長する都市建築を提唱。建築や都市のあるべき姿を新陳代謝（メタボリズム）によって成長する有機体に見立てる思想は、1960年代の日本を代表する建築運動となり、1970年の大阪万博で頂点を迎えた。メンバーは、浅田孝、菊竹清訓、大高正人、黒川紀章、槇文彦らの建築家に加え、栄久庵憲司、粟津潔、川添登など。

- 1-01　広島平和記念資料館および平和記念公園
- 1-13　市営基町高層アパート

☐ **モダニズム**［建築］

20世紀に現れた、伝統的な装飾性を否定し、合理性や機能性を追求した建築スタイル。ガラス・鉄・コンクリートを用いた直線的で箱形の外観に特徴があり、20世紀後半から現在に至るまで建築の主流となっている。ル・コルビュジエや、ドイツの芸術学校「バウハウス」の創立者グロピウス、ドイツ合理主義のミース・ファン・デル・ローエと、アメリカのフランク・ロイド・ライトらによって牽引された。丹下健三設計の広島平和記念資料館は、日本のモダニズム建築の代表例。

- 1-01　広島平和記念資料館および平和記念公園
- 1-31　広島逓信病院旧外来棟
- 3-05　三篠教会
- 4-05　アマダ広島営業所
- 5-03　広島修道大学

☐ **持送り板**

壁や柱などに取り付け、庇、梁、棚、床などの突出部分を支える部材を持送りという。装飾を兼ねたものが多い。

- 9-09　宮島歴史民俗資料館（旧江上家住宅）

☐ **ユニテ・ダビタシオン**

ル・コルビュジエが第二次世界大戦後の復興期に設計した一連の集合住宅の名称で、フランス各地で建設された。最初に建てられたマルセイユの住宅が特に有名。屋上庭園、保育園、体育館、コミュニティスペースなども備え、現代の集合住宅の原点ともいえる。

- 1-13　市営基町高層アパート

☐ **ルネサンス様式**

15–17世紀、ヨーロッパの古典文化への復古風潮（ルネサンス）を背景に興った建築様式。直線や正円アーチを多用した比較的シンプルな外観が特徴。ローマ建築を範とした建築家ブルネレスキによるサンタ・マリア・デル・フィオーレ大聖堂（フィレンツェ）が代表的。

- 1-24　広島アンデルセン
- 1-25　旧日本銀行広島支店

☐ **ルーバー**

木、金属、ガラスなどの板（羽板）を、隙間をあけて平行に組んだもの。羽板の角度によって、採光や換気、視界の調節ができるため、窓、壁など、さまざまな場所に用いられる。ガラリ、鎧戸、格子窓などもその一種。

- 1-10　広島市西消防署
- 4-06　オタフクソースWoodEggお好み焼館

☐ **歴史主義建築**

ヨーロッパのさまざまな建築様式を復古的に用いた建築のこと。19世紀から20世紀初頭にかけて流行した。日本では、明治時代、西欧化を目指す風潮のもとで、公官庁や大学、銀行などの建築に多用された。辰野金吾設計による東京駅、片山東熊による赤坂離宮など。

- 1-25　旧日本銀行広島支店

☐ **和様**

飛鳥時代以降に中国から伝わった寺院の建築様式が、平安時代に日本独自の様式を帯びて和様と呼ばれるようになり、のちの日本建築の基礎となった。鎌倉・室町時代にかけては、和様を基礎として禅宗様と大仏様を取り入れた折衷様も生みだされた。

- 9-06　五重塔
- 9-10　多宝塔

INDEX
（建築・人名・用語）

■ あ

アーバンビューグランドタワー ─── 31
アール・デコ ─────────── 39, 87
アウトフレーム型 ──────── 31, 87
安佐南区スポーツセンター ───── 63
安佐南区総合福祉センター
　　　　　　　　　─────── 10, 53, 83
アトリウム ──────────── 23, 87
アマダ広島営業所 ─────────── 59
アンデルセン→広島アンデルセン

■ い

イエズス会長束修道院 ────────── 52
イオニア式 ──────────── 29, 87
イサム・ノグチ ────────── 18, 85
厳島神社 ──────────── 11, 72
厳島神社宝物館 ────────── 11, 76
岩惣 ────────────── 11, 71

■ う

ウィスタリアフィールドモナド ─── 30

■ え

A. CITYヒルズ&タワーズ ───── 62
NTT西日本十日市ビル ────────── 23
江波山気象台→広島市江波山気象台
Fビル ────────────────── 44
M's Gate ─────────── 9, 45

■ お

大高正人 ────────────── 24, 85
太田川漁業協同組合事務所 ────── 64
太田川基町環境護岸 ──────── 26, 84
オタフクソース
WoodEggお好み焼館 ─────── 59
折上格天井 ──────────── 73, 87
オリーブ ────────────── 53

■ か

海田の街並み ───────────── 66
蟇股 ──────────────── 73, 87
カジル横川 ────────────── 22
片持ち階段 ──────────── 23, 87
学校法人鶴学園 なぎさ公園小学校
　　　　　　　　　─────────── 59
可部の街並み ────────── 11, 65

唐様 ─────────── 53, 74, 76, 87
雁行 ────────────── 75, 87

■ き

木鼻 ──────────── 71, 74, 88
ぎゃらりぃ宮郷 ────────── 11, 74
旧牛田水源地濾過調整機上屋
　　　　　　　　　─────────── 10, 51
旧宇品陸軍糧秣支廠缶詰工場
　　　　　　　　　─────────────── 42
旧江上家住宅 ───────── 11, 75
旧亀山水力発電所 ─────────── 64
旧大正屋呉服店 ────────── 18, 80
旧日本麻紡績給水塔 ─────────── 60
旧日本銀行広島支店 ───────── 8, 29
旧広島県産業奨励館 ───────── 19
旧広島港湾事務所 ─────────── 9, 45
旧広島地方気象台 ───────────── 39
旧陸軍被服支廠倉庫 ───────── 9, 42
近代化遺産 ──────────── 64, 88

■ く

草津の街並み ───────── 10, 58
グランドプリンスホテル広島 ──── 45
黒川紀章 ───────────── 33, 85

■ け

原爆ドーム ──────────── 19, 80
県立広島大学図書館 ───────────── 42

■ こ

己斐調整場旧送水ポンプ室 ────── 60
工兵橋 ────────────── 10, 51
国前寺 ─────────────── 34
五重塔 ───────────── 11, 74
コミュニティほっとスペースぽんぽん
　　　　　　　　　─────────── 10, 54

■ さ

サイン計画 ────────── 27, 28, 88

■ し

市営庚午南住宅 ───────── 10, 58
市営鈴が峰東アパート ──── 10, 58
市営平和アパート ────── 41, 83
市営基町高層アパート ── 8, 24, 83
重森三玲 ───────────── 43, 85
シャレオ ────────── 8, 28, 83
縮景園 ─────────────── 31
上卿屋敷 ───────────── 11, 76

■ せ

世界平和記念聖堂 ─────────── 8, 32
セセッション（ウィーン分離派）
　　　　　　　　　─────────── 19, 88
瀬戸内海汽船社屋 ─────────── 9, 45
銭高組広島支店 ────────────── 39
千畳閣 ───────────── 11, 75

■ そ

ソットスタッツィオーネ ────── 43
ソビエトパレス（一宮殿） ─── 16, 88

■ た

大願寺 ───────────── 11, 75
大聖院 ───────────── 11, 71
谷口吉生 ──────────── 40, 85
多宝塔 ───────────── 11, 76
丹下健三 ──── 16, 18, 27, 41, 81, 85

■ て

通信建築 ───────────── 43, 88

■ と

徳應寺 ─────────────── 22
豊国神社本殿 ──────────── 11, 75

■ な

中根金作 ───────────── 29, 86
長野宇平治 ────────── 28, 29, 86
なぎさ公園小学校→
　学校法人鶴学園 なぎさ公園小学校

■ に

西平和大橋 ────────────── 18
似島学園 高等養護部・
　児童養護施設学習館 ────────── 46
仁保の街並み ────────────── 43

■ ね

ネオ・バロック ────────── 19, 88

■ は

パサージュ ──────────── 22, 88
バジリカ ──────────── 32, 88
林家住宅 ──────────── 11, 76
半べえ庭園 ────────────── 43

ひ

東千田公園	39
東平塚のアトリエ	33
比治山本町のアトリエ	9, 33
表現主義	39, 88
広島アンデルセン	8, 28
広島県庁舎	27
広島県立美術館	31
広島国際会議場	18
広島医師会館	23
広島市江波山気象館	39
広島市環境局中工場	40, 83
広島市郷土資料館	9, 42
広島市現代美術館	9, 33
広島市水道資料館	10, 51
広島市西消防署	23, 83
広島市文化交流会館	27
広島市平和記念公園レストハウス	8, 18
広島市民球場	34
広島修道大学	63
広島女学院大学ゲーンスチャペル	51
広島市立大学	62
広島市立基町高等学校	8, 26, 83
広島市立矢野南小学校	67, 83
広島大学附属中・高等学校講堂	9, 41
広島逓信病院旧外来棟	30
広島電鉄千田町変電所	41
広島東照宮	34
ひろしま美術館	8, 26
広島平和記念公園	16, 78, 81
広島平和記念資料館	8, 16, 82
広島ミッドタウンビル	28
ピロティ	16, 18, 24, 25, 26, 88

ふ

福王寺	65
福屋（八丁堀本店）	8, 28, 80
袋町小学校平和資料館	8, 29
不動院	10, 53, 78
フライングバットレス	32, 88
プラスC	11, 65
古川せせらぎ河川公園	10, 54
古田幼稚園	58

へ

平行垂木	74, 88
平和大橋	8, 18
平和記念公園→広島平和記念公園	
平和記念資料館→ 広島平和記念資料館	

平和の門	8, 18
PENCILビル	8, 30

ほ

ボイド	23, 33, 89
放射線影響研究所	9, 41
ボールト	41, 63, 89
ポケットパーク	65, 89
ホテルフレックス	31
本川小学校平和資料館	27
本逕寺	30

ま

増田清	18, 27, 86
マツダスタジアム	34

み

三篠教会	52
三瀧荘	52
三瀧寺	10, 52
宮島歴史民俗資料館	11, 75
みやた眼科	59

む

村上徹	33, 53, 59, 86
村野藤吾	32, 86

め

メタボリズム	17, 24, 89

も

モダニズム	17, 30, 52, 59, 63, 89
持送り板	75, 89
基町クレド	8, 27, 81, 83
紅葉谷公園	11, 71

や

山田守	23, 30, 86
山本理顕	23, 86
ヤン・レツル	19, 86

ゆ

ユニテ・ダビタシオン	24, 89

よ

横川駅前広場	22

ら

頼山陽史跡資料館	8, 29
頼山陽文徳殿	9, 33

る

ルーバー	23, 59, 89
ル・コルビュジェ	16, 24, 86
ルネサンス様式	28, 29, 89

れ

歴史主義建築	29, 89
レストハウス→ 広島市平和記念公園レストハウス	
レストランカフェ　フロート	54

わ

和様	74, 76, 89

交通案内 TRAIN TRAM SHIP

路面電車（広電）利用ガイド

現金で支払う場合
- 運賃は降車時に乗務員近くの運賃箱に入れる。おつりは出ないので、あらかじめ車内の両替機で両替しておく。
- 市内線の運賃は大人150円・小人80円（白島線のみ乗車の場合は大人100円・小人50円）の均一料金。宮島線は区間によって異なるので、乗車時に整理券を取り、車内の運賃表で額を確認する*。
- 路面電車を乗り継ぐ場合は、運賃を払う際に乗務員に申告して乗換カードを受け取り、乗り継ぎ先の電車でそのカードをリーダーに通す。乗り継ぎ可能な電停は限定されているので注意すること。

ICカードを利用する場合
- PASPY・ICOCAという二種類のICカードが使える。運賃計算や整理券、乗り継ぎ申告も不要。PASPYは運賃割引があるがJR線には使えないため、旅行者にはICOCAがおすすめ。JRの主要駅で入手できる。
- ICカードで路面電車を利用する時は、乗車時に入口近くの垂直型カードリーダーにタッチし、降車時に出口近くの水平型カードリーダーにタッチする。
- ICカードへのチャージは車内でも可能（千円札のみ対応）。

電車一日乗車券を利用する場合
- 市内線と宮島線全線が何回でも乗り降り自由。広島駅の広電窓口、広島市平和記念公園レストハウス、主要ホテルなどで入手できる。乗車時と降車時に専用カードリーダーに通して使う。

*運賃改定の可能性あり。

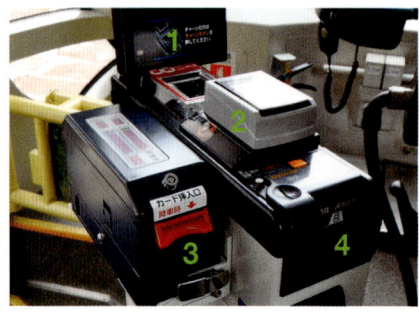

1 運賃投入口　**2** ICカードリーダー（降車時用）　**3** 一日乗車券リーダー　**4** 両替機。チャージも可能。

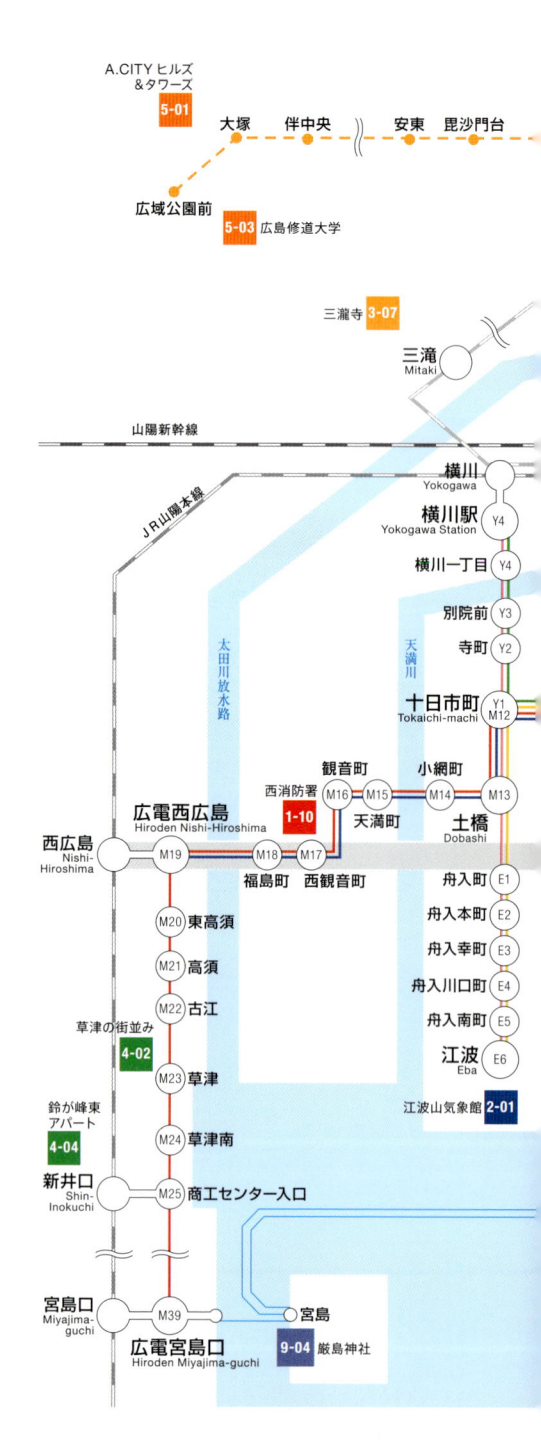

広電路線図

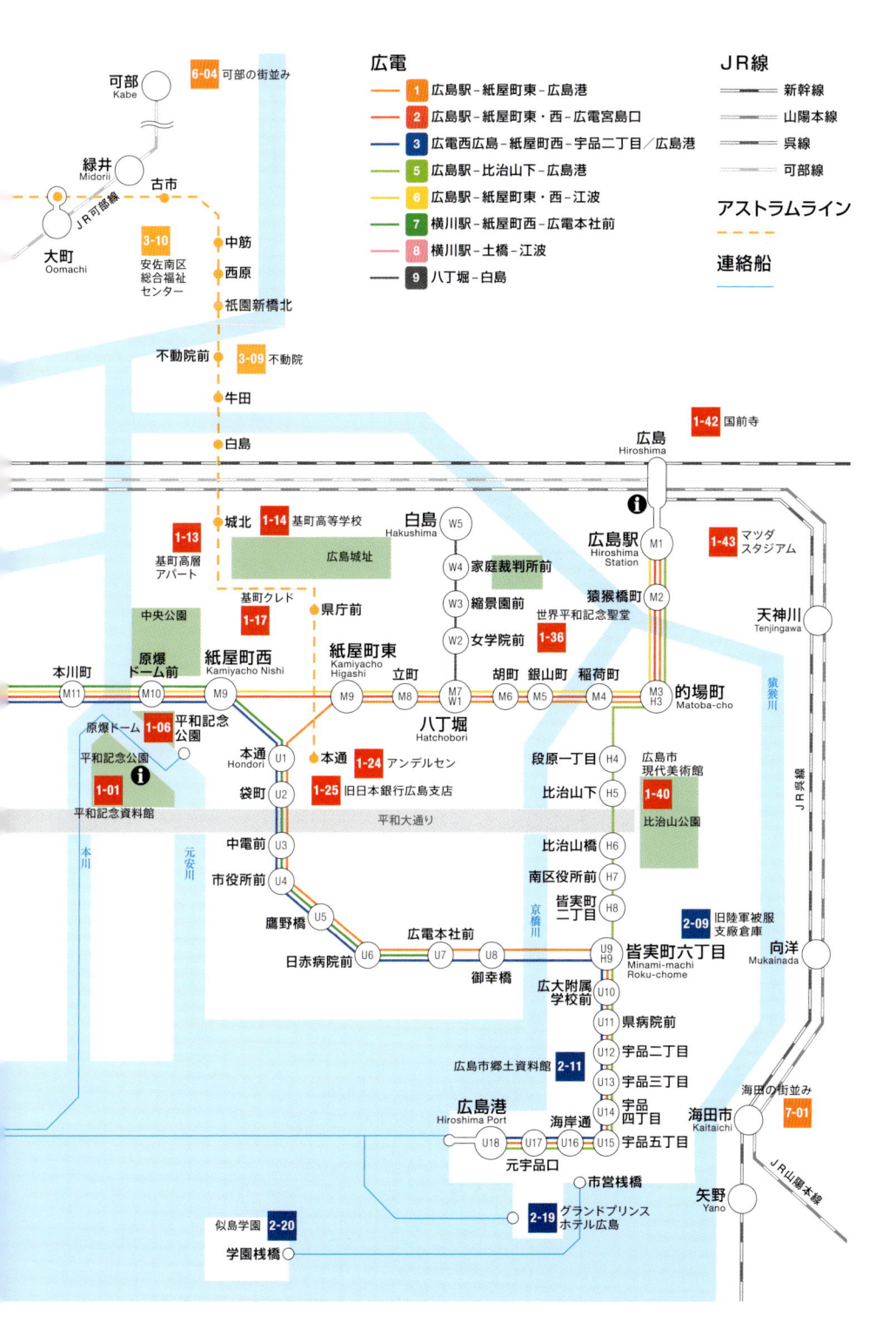

広電
- ① 広島駅−紙屋町東−広島港
- ② 広島駅−紙屋町東・西−広電宮島口
- ③ 広電西広島−紙屋町西−宇品二丁目／広島港
- ⑤ 広島駅−比治山下−広島港
- ⑥ 広島駅−紙屋町東・西−江波
- ⑦ 横川駅−紙屋町西−広電本社前
- ⑧ 横川駅−土橋−江波
- ⑨ 八丁堀−白島

JR線
- 新幹線
- 山陽本線
- 呉線
- 可部線

アストラムライン

連絡船

主な駅・停留場
- 可部 Kabe
- 緑井 Midorii
- 大町 Oomachi
- 古市
- 6-04 可部の街並み
- 3-10 安佐南区総合福祉センター
- 中筋
- 西原
- 祇園新橋北
- 不動院前
- 3-09 不動院
- 牛田
- 白島
- 城北
- 1-13 基町高層アパート
- 1-14 基町高等学校
- 広島城址
- 基町クレド
- 1-17
- 県庁前
- 白島 Hakushima
- W5
- W4 家庭裁判所前
- W3 縮景園前
- W2 女学院前
- W1
- 広島 Hiroshima
- 1-42 国前寺
- 広島駅 Hiroshima Station
- 1-43 マツダスタジアム
- M1
- M2
- 猿猴橋町
- 1-36 世界平和記念聖堂
- 天神川 Tenjingawa
- 本川町 M11
- 原爆ドーム前 M10
- 紙屋町西 Kamiyacho Nishi M9
- 紙屋町東 Kamiyacho Higashi M9
- 立町 M8
- 八丁堀 Hatchobori M7
- 胡町 M6
- 銀山町 M5
- 稲荷町 M4
- 的場町 Matoba-cho M3 H3
- 1-06 平和記念公園
- 原爆ドーム
- 1-01 平和記念公園
- 平和記念資料館
- 本通 Hondori U1
- 本通
- 1-24 アンデルセン
- 1-25 旧日本銀行広島支店
- 段原一丁目 H4
- 比治山下 H5
- 広島市現代美術館
- 1-40 比治山公園
- 袋町 U2
- 中電前 U3
- 市役所前 U4
- 平和大通り
- 比治山橋 H6
- 南区役所前 H7
- 皆実町二丁目 H8
- 鷹野橋 U5
- 日赤病院前 U6
- 広電本社前 U7
- U8
- 御幸橋
- 京橋川
- 皆実町六丁目 Minami-machi Roku-chome U9 H9
- 2-09 旧陸軍被服支廠倉庫
- 向洋 Mukainada
- 広大附属学校前 U10
- 県病院前 U11
- 2-11 広島市郷土資料館
- 宇品二丁目 U12
- 宇品三丁目 U13
- 宇品四丁目 U14
- 宇品五丁目 U15
- 海田市 Kaitaichi
- 7-01 海田の街並み
- 広島港 Hiroshima Port
- 海岸通 U16
- 元宇品口 U17
- U18
- 市営桟橋
- 2-19 グランドプリンスホテル広島
- 矢野 Yano
- 2-20 似島学園
- 学園桟橋

資料編 93

交通案内 BUS

路線バス利用ガイド

現金で支払う場合
- 乗車時に整理券を取り、車内の運賃表で額を確認し、降車時に乗務員近くの運賃箱に入れる。おつりは出ないので、あらかじめ車内の両替機で両替しておく。

ICカードを利用する場合
- バスでもPASPY・ICOCAという二種類のICカードが使える。旅行者にはICOCAがおすすめ。JR主要駅で入手できる。
- ICカードでバスを利用する時は、乗車時に入口近くの垂直型カードリーダーにタッチし、降車時に乗務員近くの水平型カードリーダーにタッチする。
- ICカードへのチャージは車内でも可能（千円札のみ対応）。

お役立ち情報
- 広島駅、横川駅、紙屋町、八丁堀では同名のバス停が広範囲に分散しているので、現地の案内図で確認すること。また、バス路線は曜日や時間帯により変化することがある。
- バスの車体色は会社ごとに異なる。
  広島バス：赤、広電バス：緑、広交バス：橙
- バス時刻表はバスゲート（http://busgate.jp）で検索できる。携帯電話から利用でき便利。

1 行き先表示　2 入口　3 出口

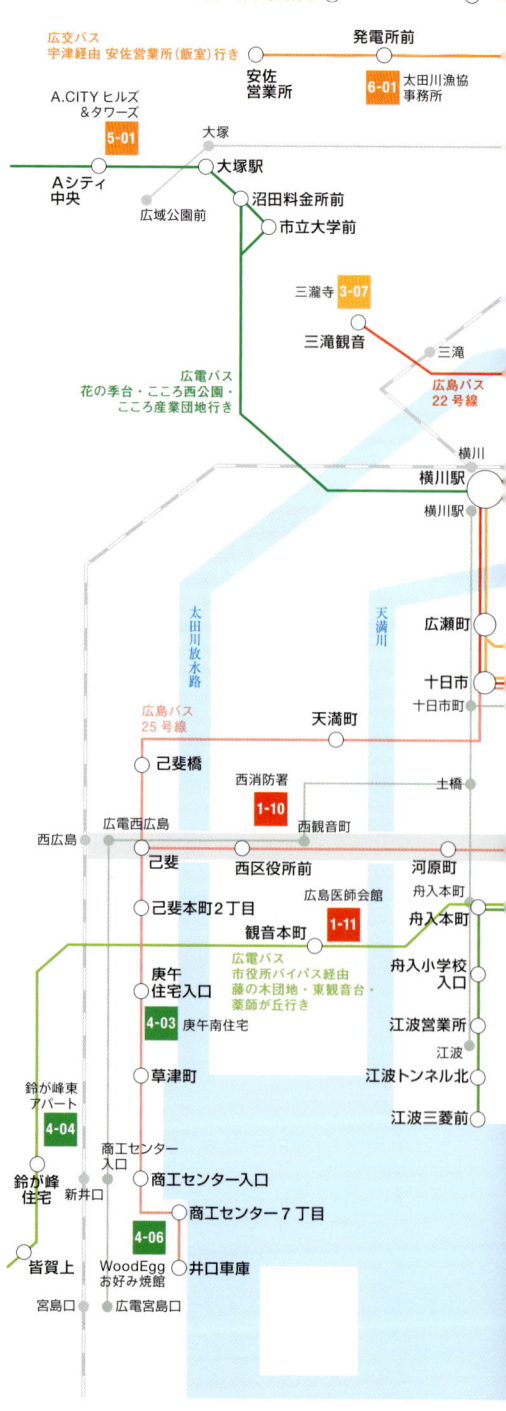

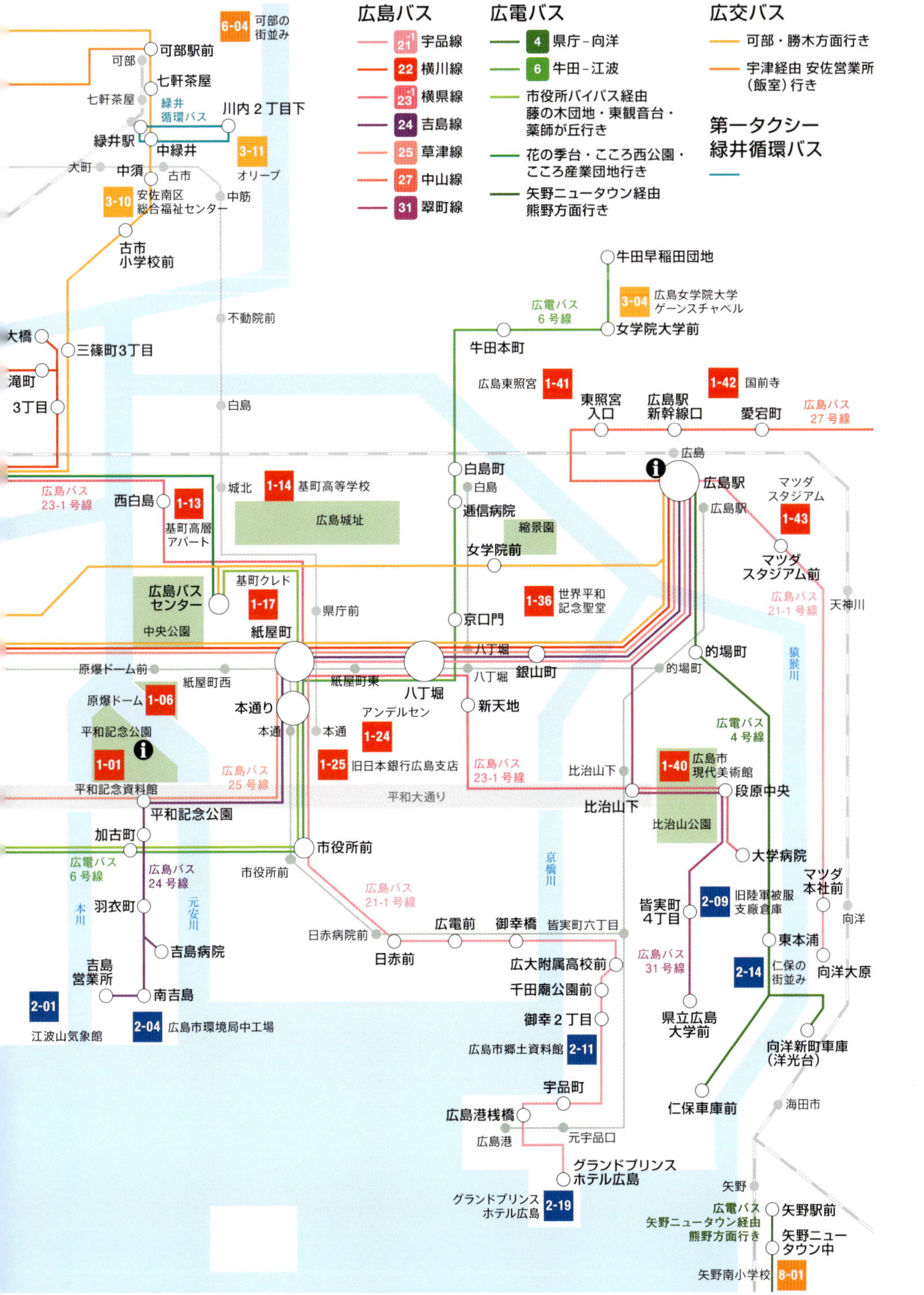
広島バス
21-1 宇品線
22 横川線
23-1 横県線
24 吉島線
25 草津線
27 中山線
31 翠町線
広電バス
4 県庁－向洋
6 牛田－江波
市役所バイパス経由
藤の木団地・東観音台・
薬師が丘行き
花の季台・こころ西公園・
こころ産業団地行き
矢野ニュータウン経由
熊野方面行き
広交バス
可部・勝木方面行き
宇津経由 安佐営業所
（飯室）行き
第一タクシー
緑井循環バス
6-04 可部の街並み
可部駅前
可部
七軒茶屋
緑井
循環バス
川内２丁目下
緑井駅
中緑井
3-11 オリーブ
大町
中須
古市
3-10 安佐南区
総合福祉センター
中筋
古市
小学校前
不動院前
大橋
三篠町3丁目
滝町
3丁目
白島
城北
広島バス
23-1 号線
西白島
1-13
基町高層
アパート
1-14 基町高等学校
広島城址
広島バス
センター
中央公園
基町クレド
1-17
紙屋町
県庁前
原爆ドーム前
紙屋町西
原爆ドーム 1-06
平和記念公園
1-01
平和記念資料館
本通り
本通
本通
紙屋町東
八丁堀
アンデルセン
1-24
1-25 旧日本銀行広島支店
広島バス
25 号線
平和大通り
平和記念公園
加古町
広電バス
6 号線
広島バス
24 号線
市役所前
市役所前
本川
元安川
羽衣町
吉島病院
吉島
営業所
南吉島
2-01
江波山気象館
2-04 広島市環境局中工場
牛田早稲田団地
広電バス
6 号線
3-04 広島女学院大学
ゲーンスチャペル
女学院大学前
牛田本町
広島東照宮 1-41
1-42 国前寺
東照宮
入口
広島駅
新幹線口
愛宕町
広島バス
27 号線
広島
白島町
白島
広島駅
広島駅
マツダ
スタジアム
1-43
逓信病院
縮景園
マツダ
スタジアム前
女学院前
1-36 世界平和
記念聖堂
広島バス
21-1 号線
天神川
京口門
八丁堀
八丁堀
銀山町
的場町
的場町
猿猴川
新天地
広電バス
4 号線
広島バス
23-1 号線
比治山下
1-40 広島市
現代美術館
比治山下
段原中央
比治山公園
大学病院
京橋川
広島バス
21-1 号線
マツダ
本社前
皆実町
４丁目
2-09 旧陸軍被服
支廠倉庫
向洋
日赤病院前
広電前
御幸橋
皆実町六丁目
日赤前
東本浦
広島バス
31 号線
2-14 仁保の
街並み
向洋大原
広大附属高校前
千田廟公園前
県立広島
大学前
御幸２丁目
向洋新町車庫
（洋光台）
広島市郷土資料館 2-11
宇品町
仁保車庫前
海田市
広島港桟橋
広島港
元宇品口
グランドプリンス
ホテル広島
グランドプリンス
ホテル広島 2-19
矢野
広電バス
矢野ニュータウン経由
熊野方面行き
矢野駅前
矢野ニュー
タウン中
矢野南小学校 8-01

著者紹介

アーキウォーク広島

都市プランナーの高田真を代表に、建築見学イベントの開催や建築ガイドブックの発行などを通じて、広島のまちの活性化をめざす市民組織。2010年秋に始まった建築見学イベントは、通常は非公開の建築を解説つきで見学できるという内容が人気を博し、全国から参加者を集める。2012年春には「クルーズイベント瀬戸内建築のたび」を企画し、活動範囲は市内から瀬戸内海地域へと広がっている。

建築まち歩きガイドブック

アーキマップ広島 広島市内＋宮島

2012年10月17日　初版第1刷発行

編著者	アーキウォーク広島
発行者	藤元由記子
発行所	株式会社ブックエンド
	〒101-0064
	東京都千代田区猿楽町2-1-8 三惠ビル502
	TEL.03-3518-9876　FAX.03-3518-9877
	http://www.bookend.co.jp
ブックデザイン	折原 滋＋名越京子（O design）
地図作成	品田興世揮
編集	真下晶子
印刷・製本	日本写真印刷株式会社

乱丁・落丁はお取り替え致します。
本書の無断複写・複製は、法律で認められた例外を除き、著作権の侵害となります。

©2012 Architecture Walk Hiroshima
Printed in Japan
ISBN978-4-907083-00-7